创业清单

The Startup Checklist：
25 Steps to a Scalable，High-Growth Business

[美] **戴维·罗斯**（David Rose）◎著
桂曙光　魏亦萌 等◎译

中国人民大学出版社
·北 京·

译者前言

最近这几年，创业成为一件很时尚的事。

媒体将创业英雄作为典型，宣传他们的创业事迹，更是起到了巨大的示范效应。越来越多没有太多工作经验的年轻人，甚至是一些在大机构薪酬丰厚的高管纷纷跳入创业的大潮，尤其是在中央政府提出“大众创业、万众创新”这一指导意见以后，包括大学生群体在内，更多的人主动或被动响应号召，成为创业者。

但实际上，创业是一件九死一生的事情，创业者必须具有特定的素质，某种程度上具有“超人”的能力才有机会获得成功。

因此，尽管中国有数千万家企业，每年还有几十万甚至数百万家创业公司诞生，但同时，每年能够获得天使投资、VC投资的公司，仅仅数千家；能够实现二级市场上市、挂牌的公司更是凤毛麟角！大量的公司几年之内就会消失，甚至成立当年就关门大吉。

创业之路既然这么难，那有没有方法和策略？答案自然是“有”。

我本人2005年从清华大学MBA毕业之后，进入创业投资领域，2014年底参与创立了早期股权投资机构——“京北投资”，以及一个专门为天使投资人及潜在天使投资人提供包括交流学习、项目对接、投资合作、孵化成长等全方位服务的平台——“天使茶馆”。在创业投资领域十多年时间里，先后投资了一批创业公司，也为众多创业公司提供过包括融资、战略、产品、并购、营销等方面的服务。

一直以来，我都想把我为创业公司服务过程中的一些体会分享给更多的创业者和潜在创业者，但苦于没有时间进行系统性整理。我曾在2010年出版了《创业之初你不可不知的融资知识》一书，书中主要针对初创公司股权融资的操作进行了深入的剖析，是一本面向创业者的融资操作辅导书。但这毕竟只是创业中的一个很小的环节，甚至大多数创业公司都没机会经历这个环节。

其实我一直想写一本完整的创业方面的书，但是在看过一些国外优秀的、实战操作的创业图书之后，觉得翻译一本也是不错的选择，因为尽管创新创业在国内发展得如火如荼，创业者群体的教育还有很多基础的工作需要完善。戴维·罗斯的这本原名 *The Startup Checklist* 的书正合我意！

戴维是一位连续创业者，也是全球最活跃的天使投资人之一，被福布斯评为“纽约超级天使”，被商业周刊评为“全球成功企业家”。他有超过45年的创业经历（创立了至少6家公司），个人投资了超过100家公司，并为这些被投公司提供帮助。他还提供一些创业类培训，在问答网站Quora上，回答了创业者们提出的4 000多个问题，涵盖创业的方方面面。基于此，他试图为创业者正确启动创业提供一份指导清单，让那些之前没有创业方面知识的创业者，能够得到切实的帮助。

戴维在这本书中分享的创业25个行动步骤，非常清晰，非常系统，逻辑性很强。从为创意规划商业模式开始，介绍了如何测试产品，如何招募和激励人才，如何进行财务管理，如何融资及与投资人打交道，等等。创立一家优秀的公司非常困难，在成功的路上，有无数的障碍和陷阱。这本书将帮助创业者找到一些有助于其前进或阻碍其发展的关键节点，是一本不可多得的、完整勾勒创业全流程的图书。

本人是利用将近6个月早起、晚睡，甚至乘坐地铁、飞机的时间，翻译和校对本书的内容。在翻译本书的过程中，我应清华大学五道口金融学院廖理院长之邀，开设了一门面向清华大学全校本科生的选修课程“创业管理与创业融资”，班里有三位热心的同学魏亦萌、彭博和张雨欣也参与了本书的部分翻译工作，在此感谢他们的付出。

整本书的翻译过程时断时续、拖沓，加上本人对于创业领域的有些事情，尤其是美国创业领域的一些情况并不是非常熟悉，同时在中/英文表达方面的驾驭能力尚有欠缺，翻译难免有错误和不妥之处，敬乞读者谅解。

桂曙光

北京京北投资管理有限公司（京北投资） 创始合伙人

天使聚场（北京）科技有限公司（天使茶馆） 创始合伙人

中关村元和天使产业研究会 副 会 长

推荐序

成为一名创业者，是让世界变得更美好的最佳方式之一。以正确的方式创建一家公司，拥有优质的产品、伟大的愿景和良好的组织结构，可以释放人的潜力，让你可以对当前的社会和未来产生巨大的影响。

这本书能帮你做到这些，其价值无法估量。这是一本循序渐进的指导书，帮助你把一个创意变成一家公司。

从初中12岁开始，我这一生都在创立公司。自从1996年创立技术孵化器“创意实验室”（Idealab）开始，我已经创立了一百多家公司。这本书中分享的行动步骤非常清晰，逻辑性很强，要是20年前我手中就拥有这本书，那该会给我提供多大的帮助啊！

在创建公司的过程中，这本书将会帮助你避免一些错误，并且1 000%会让你变得更明智。我保证，其中至少有一节内容可以彻底改变你成功及快乐的轨迹。在本书中，戴维描述了在创意期如何思考你的项目，如何制定计划并在市场中测试你的产品，在什么时机及如何招募合适的人才（重要的是，如何考虑股权分配和薪酬），并且带你了解各种看起来单调乏味、但未来能有效避免高昂错误成本的行政事务。他还介绍了如何融资及与投资人打交道，以及初创公司可以获得的不同资金来源。

创立一家优秀的公司远远不止是拥有一个好创意，在成功的路上，还有成千上万的事情可能会悄无声息地阻碍你的脚步。这本书将帮助你找到一些有助于你前进或阻碍你发展的关键节点。除了书中所列的清单之外，戴维还提供了丰富的网络资源，让你可以学习关于创业方方面面的知识。这是一本我看过的最好的、完整勾勒创业全流程的图书。

经过长年累月的实践及见证数以千计的公司，戴维·罗斯对这一切了如指掌，他提炼出了公司的成功之道，让所有人都受益匪浅。我认为依照戴维的这份清单，将对你创建一家成功的公司大有裨益，对此我深信不疑。

比尔·格罗斯（Bill Gross）*

* 比尔·格罗斯是技术孵化器“创意实验室”的创始人兼首席执行官（CEO），是一位具有传奇色彩的商界精英，他从 12 岁便开始创业，到目前为止共创办了一百多家公司，覆盖了各行各业，是最成功的企业家之一。——译者注

目录

第三篇 融资、与投资人合作及规划退出

引　言

为什么每位创业者都需要本书？

> 创业容易，守业难！
>
> ——中国谚语

远在 5 000 年前，第一位腓尼基商人购买他的第一艘船的时候，创业者就开始出现了，但并没有什么创业指导书之类的东西。对于那些需要一些指导建议的人来说，亚马逊网站很乐意将其“创业”类别中的成百上千种书卖给你，当然其中很多书都非常不错。那么，为什么还需要一本新的创业图书呢？

因为这本书的内容是专门为一类特定的创业者准备的：他的目标是创造一家可规模化、高速成长的 21 世纪的新型公司，这家公司将会雇佣员工、发行股权期权、从外部投资者那里融资、快速成长，并且最终能够被大企业收购或通过首次公开募股（IPO）的方式“上市”。现在，要创立这样的公司很复杂，也很简单。但在早期的时候，即便埋下了很小的错误隐患，也可能导致公司在发展的后期出现问题。

作为一位连续创业者，我创立公司的历史超过 45 年（创立了超过 6 家公司）；作为一位活跃的天使投资人，我个人投资了一百多家公司，并为他们提供建议。我还创立了一些领先的创业类培训，或者在其中担任导师、提供建议。另外，作为 Gust 网站的创始人及 CEO，我提供的工具在全球有超过 50 万家创业公司使用，我从中也学到了很多经验。我还在问答网站 Quora 上，回答了怀有远大抱负的创业者们提出的 4 000 多个问题，这些问题涵盖创业的方方面面。

这些年来，我掌握了启动创业时可能出现的各种第一手问题，从基础性的问题（完全不靠谱的创业），到痛苦的问题（跟那些与你兴趣不一致的人纠缠在一起），再到悲剧性的问题（股权在一开始就分配错误，并且没有机会纠正），直至代价非常非常沉重的问题（在公司设立这种简单问题上出现细微错误，导致第一次有重要的投资人打算给予公司支持的时候，产生数万、几十万美元的善后成本）。

这本书将试图为你正确启动创业提供一站式的指导清单，我假定你之前没有创业方面的知识，但是强烈想要创造一些伟大的事情，并且要尽可能做得效果最好、效率最高、成本最低。我的目标是在这个过程中，一直陪在你的身旁提供支持，帮你理解每个步骤的原因、知道每个步骤要做哪些事情以及如何实施。我将一步步带领你了解创建一家高成长公司所需的基本操作要素，并给你介绍一个节省时间和金钱的最新网络工具，还给你提供一份每位创业者都应该拥有的标准书单，最后为你揭开天使投资/风险投资的神秘面纱，让你了解潜在投资人在决定给你投资时，他们脑子里在想什么。

我心目中的创业英雄本杰明·富兰克林（Benjamin Franklin）[①] 曾写过这样的话："经历是一所昂贵的学校，但傻瓜们没有其他地方可以学习。"我花费了一生的时间，从经历中痛苦地学习，我现在的目标是缩短你将要在本杰明·富兰克林的"昂贵的学校"里学习的时间。

因为毫无疑问，你非常想尝试着用你精彩绝伦的创意去改变世界，我会在本书的开始部分提供一份"明智启动"的简便清单，这样你就可以避免很多意气风发、激情无限的初次创业者常犯的一些愚蠢错误。我会简单介绍从创意到退出的每个步骤，并解释如何在创业过程中将这本书当作你的伙伴。即便你只看"引言"部分，至少也能知道你应该做些什么、去书中哪部分寻找有关某个主题的深度探讨。

现在，我们开始吧！

准备启动

0. 在开始之前，学习相关知识。

就像你没有读一读诸如《懒人北极探险》（*Arctic Exploration of Couch Potatoes*）之前，不会去北极旅行一样，在启动创业之旅前，你应该从一些基础准备开始，这也正是本书的内容所

---

① 本杰明·富兰克林是一位杰出的创业者，你应该阅读他精彩绝伦的《本杰明·富兰克林自传》，从中获取一些很棒的创业经验和技能。（更不要说他的遗愿，为创业者创立第一只种子基金……）

在。如果你是一位典型的冲动型创业者，读完本书之后，你就会迫不及待地穿上雪地靴、皮外套准备出发了。但是，如果能稍微多一点耐心，你会发现其他创业类图书中，一些已经成为经典的都有其原因，这些书介绍了创业相关的所有事情，从“什么是创业精神?”到“如何白手起家?”再到“如何把一个创意变成一家公司?”

因此，在读完本书之后，我建议你接着花些时间读一读其他有关“创业”方面的基础书。这本书介绍的是创业起步时实战的、操作层面的内容，其他有些书会提供一些有价值的介绍、建议、理论等，还会为很多创业者所面临的一些特定难题提供详细的帮助。我知道，即便是读一本书，有人也认为似乎很无聊、痛苦，或者是浪费时间，更不要说多读几本了。但与你公司生死攸关的未来相比起来，这件事看起来就是一笔最划算的买卖了。在本书里，充满了一些行业领袖和优秀创业导师的智慧结晶，有助于你启动你的创业。我还在附录 A 列出了创业公司的经典阅读书目清单，其中包含了大量本书无法一一涵盖的至关重要的内容，推荐你读一读。

1. 把你的创意，转化成一个令人激动的商业模式。

创立一家公司，是为了去实施一个创意。如果对这个创意没有清晰的理解，无疑会导致大量的无效工作。尽管你在公司启动之后将会逐步打磨完善你的创意，但一定有一些核心的东西是不会改变、也改变不了的。具体来说，一开始区分“公司理念”和“产品理念”就至关重要。做一个很炫酷的小工具、手机应用 APP 或者网站都是不错的创意，但更重要的是要理解这个产品能够给哪些客户提供什么样的价值，理解谁将乐意为你开发的产品买单。这个时候，你还不需要一份完整的商业计划书，但你一定需要具备能力，清晰解释你想做什么、为什么做——这就是你的公司理念。在第 1 章，我会介绍如何运用“商业模式画布”去构建一个可视化的商业模式。

勾勒出公司理念之后，我建议你花一些时间做小范围的反馈测试。拿着你还不成熟的创意，去跟你所在领域业内的专家交流，听取他们的看法。不要担心，他们不会窃取你的创意的！但是，他们会给你一个现实的检验，看看你的创意对业内人士来说是不是有一定的意义。不管他们说什么，不要让这些言论对你产生倾向性的影响（有时行业之外的一个创新想法，导致一个概念性的跨越发展），但你绝对应该认真思考他们的观点，而不是口头应付一下。在你启动之前，发现自己的创意已经被无数人尝试过并且都失败了，这要远远好过花了两年时间徒劳无功地做一件毫无意义的事情之后，才知道这个结果。

2. 起草一份精益商业计划书，作为你首选的创业路线图。

假定你的反馈测试结果表明，你选择的方向可能是对的，那么下一步就要将你的公司理念，设计转变成一份详细的创业路线图。在第 2 章，我会介绍如何起草和使用一份精益商业计划书，这不是一份篇幅很长的文件，而是你在公司发展过程中需要做的所有事情的核心框架。这份文件结合你想要达到的目标和实现这个目标的计划，提供信息让你可以评估面临的机会、产品、期权，甚至员工。

尽管只有银行以及其他感兴趣的人或机构专门要求的时候，你才会准备一份完整的书面商业计划，但投资人将会向你提出一堆问题，你只有在一开始就对公司进行过商业计划层面的详细、深入、彻底思考，才能回答这些问题。

3. 寻找并了解你的竞争对手，分析战略格局。

手头有一个创意看起来似乎充满希望，但你还要环顾四周，看看还有谁也在做同样的事情。这是因为——尽管我不喜欢破坏你的好心情——的确会有人正在做。考虑一下：在写这本书的时候，在Gust这个早期公司融资服务平台上，有超过50万家创业公司的资料。你认为世界上有50万种不同的商业类型吗？当然没有。那5万种呢？当然也没有。5 000种呢？也许有，但我不认同。500种呢？这个数字听起来还差不多。这个数字对你意味着什么？意味着在这个时刻，在你准备倾注全部身心去打造一家新的创业公司的时候，还有另外100～1 000位创始人在做同样（或类似）的事情！

尽管如此，有竞争对手的存在也不能成为他们将成功、你会失败的理由。相反，经验表明，在一个没有竞争对手的商业环境里获得胜利，相对来说比在有人已经给你铺过路的环境下更困难（我在1990年代中期付出沉重的代价学到的经验，我们当时拥有一个非凡的、突破性的产品，但却始终没有获得市场认可）。但重要的是，你要了解竞争环境，这样你后面对现实情况就不会惊讶和痛苦了。第3章讲的是竞争对手：他们是谁、他们在哪里以及如何对他们进行分析。

4. 打造梦幻团队。

尽管你也许是位天才，但你自己不太可能拥有启动和创建一家成功公司的所有技能。即便你真的拥有，你也没有时间和精力去做所有的事情，尤其是在公司开始成长的时候。你迟早都需要寻找到一批能够与你能力互补的人，组建一支创始团队，帮你将公司推上可盈利、高速成长的轨道。重要的是，你要考虑公司的成功将需要什么技能、背景和知识，盘点自己拥有哪些、欠缺哪些。理解初创公司里创业者的角色，就是创建高速成长公司的基石。我在第4章将讲到如何评估自己是不是公司的基石，或者是否需要寻找一块基石，以及如何为你的创始团队成员设定明确的预期目标。

5. 创业公司的股权分配。

一旦你组建了一支创业团队，接下来就需要探讨股权的事情——每个人拥有这家创业公司多少份额。与“篱笆筑得牢，邻居处得好”的说法一样，清晰、合理并且相互认同的股权架构有助于公司走向成功，而没有经过深思熟虑的股权结构会导致冲突和失败。我在第5章将详细介绍股权分配的细节问题，包括看起来合理的50/50均分模式为什么对公司而言不是最佳选择。需要记住的是：(1)“股权是永久的”，一旦分配给某人，要想拿回来就没那么容易了；(2)股权在公司未来发展得更好时才有价值，因此应该由那些可能对公司发展有帮助的人持有，而对于工作内容可以用钱在市场上购买的人，不应该分配股份。

6. 推出最简可行产品并实施客户验证。

到目前为止，你的商业理念还仅仅处于理论层面。你还没有尝试销售任何产品或为真实的客户服务，现在你该启动上路了。你的目标是了解一下，是否有潜在用户愿意为你卖的东西付费。

在第6章，我会介绍著名的“精益创业方法论”以及其中最重要的工具——“最简可行产品”(MVP)。这是你打算推出的最基础版的产品或服务，可以实现真实的功能，并能在真实的客户那里进行测试。MVP可以是只有骨架的原型机、网页广告，或者是用于模拟海量用户服务的小规模运营，有助于在市场中进行试验。你根据这些试验所获得的用户反馈，可以调整或重新设计产品/服务，而每一次的改进，都会大大提高用户的满意度。

如果用户对你的登录页、众筹或者其他市场测试活动的反馈不错，那是很好的开始。否则，在上述的任何阶段，如果现实情况证实或者有高人指出你偏离了目标，你都要重新构思你的商业理念或商业模式，然后再不断测试，直到打造出一个真正成功的模式。

7. 通过网络创建品牌。

现在，网络工具让公司可以越来越方便及便宜地获得曝光和打造公众形象——拥有自主知识产权及价值的品牌。在创业起步阶段，尽早启动这个过程，你会多方面受益。天才型的员工、战略伙伴，甚至投资人等可能想要跟你合作，只要你开始传播你的创业故事，他们就有渠道找到你了。第 7 章讲述通过品牌名称、Logo 和网站，创建公司公众形象的流程，同时还探讨已经成为创业公司至关重要阵地的社交媒体平台。

8. 在创业生态里构建有效的关系网络。

在公元前 2000 年左右的黑暗时代（Dark Ages），不存在“创业生态”。现在，创业者就像棒球运动员一样受到很高的礼遇，并且你创业的世界里有各种可以帮助你、让你的才能得以施展的人和机构。这些就像是少年棒球联盟、教练、体育用品商店和《梦想成真》（*Fields of Dreams*）的外景地。在第 8 章我会讲到，你也许可以独自生存下来，但如果你积极主动地投身其中的话，还需要招募更多的盟友（并从中受益更多）。不管是参加一些创业聚会、申请进入一个加速器、在创业大赛上演示你的创业项目，或者参与网络论坛，积极融入创业生态圈将会长期获益，且超乎你的想象。

创立公司

9. 设立公司。

在一家真正的公司成立之前，目前你做过的所有事情都可以

（也应该可以）正常进行。但是，在你准备引入合伙人、招聘员工、开发知识产权、融资或者实现收入——简单说，就是创造或分享任何形式的价值——的时候，你就需要设立一家官方认可的企业实体，来作为这些价值的拥有者。在第9章，我会介绍不同类型的企业类型，包括个人独资企业、合伙企业、有限责任公司以及股份有限公司。

但是，在现实中，只有唯一的选择。如果你的企业将会涉及员工及顾问期权、风险投资或正式的天使投资，你就需要设立成一家股份有限公司，这样公司的所有权被分割成了股份。

在某种层面上，设立一家新的实体既便宜又简便。或者，也有一些迎合小公司需求的网络服务，几百美元就能帮你完成大部分的工作。但这也是风险所在。因为设立一家简单的一人公司作为爱好的事业是一回事；保证正确起草公司的章程、股票期权计划、股东协议以及其他文件，适合公司注定要达到的规模化、高成长的阶段，这完全是另外一回事。

10. 正确使用律师。

为省一点钱，在公司设立时简单处理，几乎都会导致公司在与投资人或期权持有者打交道的时候花费数千美元，甚至数万美元的代价，在公司设立之初就与一位好的创业律师合作是非常重要的。我将在第10章讨论如何寻找一位优秀的律师并与其合作。

11. 招募董事和顾问。

天使总是有价格的。一位世界级的程序员，大约15万美元一年；一位世界级的董事会主席，无价。不像你因其技能而雇佣的员工，以及因其创业能力而合伙的联合创始人，顾问和董事通常是那些你无法以任何价格雇佣的人。无论他们是天使投资人、其他与你类似规模公司的CEO，或是行业内的资深专家，优秀的顾问和导师是物有所值的。

在第 11 章，我会解释公司董事会和各位董事以及其他顾问扮演的角色，他们能够帮助公司走在正轨上。我还会讨论如何寻找优秀的顾问，如何吸引他们，以及如何发挥他们的最大价值。

12. 挑选财务人员和财务系统。

要成为创业者，你不需要成为一位会计师或拥有财务学位，但你的确需要拥有对公司财务的深刻和直觉上的理解。作为创业者，掌握公司管理资金进入、运转和流出上的基本原则是非常重要的。

第 12 章是一堂公司财务分解课程，你可以了解一些基本知识，以及专业的簿记员和财务人员应该为公司处理哪些工作，如何找到这些人。我还介绍了基于云端的软件服务，可以让你公司的财务管理流程自动运转和流畅起来。

13. 建立和管理信用。

作为一家全新的创业公司，没有历史或财务记录，这就意味着你在跟其他公司（尤其是比你更大的公司）做业务的时候，可能有很大的挑战性，因为这些公司甚至不敢确认你的存在。基于此，公司从一开始就考虑自己的信用记录是很重要的一件事。在设立公司之初，你最先需要做的几件事之一是向美国国税局申请雇主识别码，这就像公司的社会保障号码。公司在收钱或付钱的时候、交税的时候，或开设银行账户的时候，你将使用此编码证明你的公司。

你还需要获得一个邓氏（O—U—N—S）编码，此编码系统由邓白氏公司（Dun & Bradstreet）管理，可验证你公司的信用记录。对于潜在的合作伙伴和客户，让他们了解你公司的信用记录是个不错的主意。要跟苹果、沃尔玛以及其他大型企业做业务，邓氏编码是非常有必要的。我在第 13 章讲了信用的重要性，并简单介绍了几个最重要的信用管理工具。

14. 银行开户、信用卡及商业账户。

通过管理个人财务，你熟悉了银行业务的基本流程，但是商业银行业务完全是另外一回事。第 14 章介绍了对于你的创业公司，选择和合适的商业银行合作的最佳方式。我还讨论了创业公司最有用的银行关系类型，包括审核、信贷和商业账户，并就在选择移动和网络支付服务商时需要关注他们的哪些特征提供了一些建议。

15. 选择你的关键技术、平台以及供应商。

21 世纪创立公司的一个优势，是你的公司不会在真空中运营，而是可以利用丰富的基于云服务的平台处理银行、财务、销售、法务、人力资源管理等事务。了解目前有哪些最强有力的技术平台能够满足你的特定需求，然后考虑如何开始使用它们，这是我在第 15 章所讨论的事情。我还推荐了我个人的“最佳选择”。

16. 通过数据分析评估业务。

美国著名咨询大师詹姆斯·哈林顿（H. James Harrington）说过：“评估是控制的第一步，并最终实现提高。如果你无法评估一些事情，你就无法理解它。如果你无法理解，你就无法控制。如果你无法控制，你就无法提高。”尽管诸如“大数据”和“客户分析”等术语在商业媒体上越来越普遍，但根据我的经验，这些工具的威力通常被首次创业者所忽视。如果你打算创立一家高增长的公司，我向你保证，我在第 16 章所讨论的“分析”是至关重要的：弄清楚如何运营公司，并回答你在寻求融资时从第一位（以及第二位、第三位……）投资人那里听到的问题。

17. 用员工及兼职充实团队。

随着市场对你的产品或服务需求的增长，你的公司也会增长，这就意味着你需要帮助。招募、聘用、培训优秀的员工是一项挑战，很多首次创业者不擅长处理这些事情，但处理不好会引发长期的麻烦。在第 17 章，我为你介绍一种新员工招募工具，并讨论在招募团队时应该关注的要点。

你还需要考虑将特定业务功能外包的可能性，而不是招募员工来做这些工作——这种选择会同时带来好处和坏处。有些公司一开始把几乎所有的事情都外包，但是要建立工资自身的真正价值（就是其他公司或公开市场愿意为此买单），你必须不断为公司引入核心人才。

无论是招募员工还是寻找兼职，你都需要在公司发展过程中创造和培养一种积极、有生产力的公司文化，这样你永远不会丧失创造力和激情，而这是运营一家创业公司最大的回报之一。

18. 设立股权计划激励团队。

作为一位天使投资人，我通常跟那些刚刚走出"车库"阶段的初创公司打交道。这些公司雇佣了一些人，并准备推出他们的第一个产品。当我询问薪酬的时候，我会听到"现金这么多，股权这么多"。但是，当我询问公司是如何发放股权给员工的时，看到的都是一脸茫然。你不能简单"承诺"你的团队，他们将会得到股权！相反，你需要跟律师一起合作，制定员工期权计划，预留公司的一部分股权来支持期权的未来行权，让所有期权的授予获得董事会的正式批准，然后授予你的员工，就如同我在第 18 章所述。这里没有捷径！

融资、与投资人合作及规划退出

19. 了解融资流程及投资人的关注点。

尽管将自己的钱或业务产生的收入投入公司——即所谓的自力更生——是创立公司很好的方式，但公司发展得越成功（或者，保守来说，你通过最简可行产品找到合适的产品/市场匹配需要的时间越长），你就需要越多的资金来支持公司的发展。因为银行不会借钱给创业公司（我提过大多数创业公司会失败吗?），你需要吸引合适的投资人，赢得他们的支持，跟他们一起合作，并确保双方建立长期及相互满意的关系。

一旦你的最简可行产品有效，并获得了市场影响力，你可能就做好了融资的准备，获得资金支持公司的发展。对于大多数人来说，初始融资意味着从朋友和家人那里获得小额资金。但是，如果你的公司发展顺利，你可以成功接触到专业的天使投资人，甚至风险投资（VC）基金。遗憾的是，这通常是我见过的理想与现实最大的差距。

如果你阅读创投领域的博客和大众媒体令人窒息的创业故事，你可能以为任何拥有一个好的创意的人，都可以直接进入 VC 的办公室，并拿走一张支票。事实上，根本不是这么回事。每年只有不到 0.25％的新创立的、雇佣了员工并开业的公司，真正能获得 VC 的投资！在出去寻求融资之前，你应该了解创业融资的世界运营的实际情况。

第 19 章给出了投资流程的概述，揭示了天使投资人背后的一些情况。同时也详细解释了投资人在考察潜在投资机会时，会关注的要点——想要在投资人面前展示自己公司的创业者需要了解这些关键信息。

20. 建立投资人渠道。

在咖啡馆里，一位充满幻想的创业者在餐巾纸上编个故事就能打动有钱人的日子，已经一去不复返了。现在，融资推销的艺术要复杂得多，也是所有期望获得外部支持的创业者需要掌握的基本技能。你需要不同类型的融资推销形式，包括简洁、口头的电梯间推销，以及针对天使投资人和 VC 的 20 分钟 PPT 演示。在第 20 章，我介绍了确认投资人可能对你的公司感兴趣的基本技术，以及你需要展示在演示材料中的内容。

21. 股权众筹及网络平台。

在过去，创业公司只能从创始人和创始人的家人那里获得投资。在 20 世纪，“天使投资人”出现了——有钱的商人愿意在创业公司的创始人身上冒险。但是他们数量很少，你必须认识他们才能获得投资。在 1929 年股灾之后，美国政府建立了证券交易委员会来管理公司如何进行融资。这使得融资过程更加规范，但也包含了一条规则，要求你在私下出售公司股份给有钱人的时候，不能告诉其他人或要求他们来投资。实际上，直到 2012 年这条法规才得到修订，以反映实际情况：你可以通过互联网找到很多潜在投资人！现在，通过“股权投资平台”在网络上进行创业公司融资还处于起步阶段，但是每年的总金额已经到达数亿美元。在第 21 章，我介绍了不同类型的平台，并讨论哪些对于高成长的创业公司是最合适的。

22. 完成投资条款谈判及投资尽职调查。

投资人走过来给你一张数百万美元的支票，并祝你好运，尽管这样的事情非常美妙，但事实上情况并非如此。创业公司的投资需要详细、全面的法律协议支撑，甚至需要为这份协议再准备一份协议，即投资条款清单。在第 22 章，我解释了可转换债券与可转换优先股的主要差异，并介绍了其中的详细情况。另外，附录 D 中提供了一份投资协议条款清单范本，我对其中的每个条款都进行了解释。

在公司发展的每个阶段，你在跟对公司感兴趣的第三方打交道的时候——无论他们是打算投资给你、借钱给你、收购你还是被你收购——他们都会询问关于公司发展过程中的详细、尖锐的问题。我在附录 B 中提供的一份问题清单，会帮助你在进行任何类型的公司融资或并购时减少 80%的时间和成本。这个时间是用来清理所有你应该已经完成的事情，并寻找文件资料证明你的确做到了。

第 22 章告诉你如何保存正确的记录，并做好所有的准备，接受不可避免的尽职调查的检验，甚至在投资人提出问题之前。尽管这样做可能不会促成一份投资意向或者在投资价格上的加分，但这肯定会让投资人把你加入“优秀创业者名单”的前列。

23. 及时并持续从投资人那里获得最大的支持。

首次创业者会犯的最大错误之一，是把融资和投资人当作一次性的工作，但现实中远不是这样。一旦投资人将钱投入到你的创业公司，这位投资人就成为你一生（或者至少是公司实现退出之前）的伙伴。因此，你与投资人及其他股东沟通交流的方式、内容、时机都很重要，而且通常会决定你在最需要他们的时候，是否能够获得他们的追加投资。在第 23 章，我根据自己多年在投资和创业两边的经验，提供了给予投资人关注和提供信息方面的一些要点。

24. 了解公司的估值。

给一家公司估值比创业投资电视节目《创智赢家》（*Shark*

Tank）里看起来要复杂得多，也非常重要。创立和打造一家公司最后能给你带来的回报，依赖于公司在市场上的估值情况。估值还会影响公司获得投资、奖励员工和让创始人实现令人满意退出的能力。

在第 24 章，我解释了公司估值的基本方法，描述了很多因素（有逻辑的和没有逻辑的）可能会对你公司的价值产生直接的影响，介绍了创业圈最广泛使用的几种估值技术，并且解释了为何自动系统可能很快会取代估值中的艺术性工作。

25. 关注退出并享受成功的收益。

对于你的创业公司，有四种可能的结局，所有的结局都与将你创造的价值转换成现金有关：

（1）你可以永远持续运营公司，并拿出现金改善生活；

（2）你可以将公司出售给一家更大的公司，拿着现金离开；

（3）你可以让公司 IPO 上市，将自己持有的公司所有权变成可以公开交易并可以变现的股票；

（4）你可以关闭公司，并损失你和投资人迄今为止投入的所有现金。

尽管没有人喜欢第 4 种情形，但你将前 3 种情形中的哪一种作为目标，将会极大影响公司的所有事情，从公司的类型，到是否及如何融资，甚至退出的选择机会。在第 25 章，我会介绍这几种不同选择，并就公司被收购后可能出现的情况提供一些看法。

这就是一篇从如何构思、启动及规模化发展一家高成长公司的快速精炼导读。如果你有片刻的时间，在需要一些指导的时候可以挑选其中某些特定的章节阅读。或者，翻开下一页，让我们以正确的方式，从头开始！

第一篇

准备启动

1

把你的创意转化成一个令人激动的商业模式

每一家伟大的企业都始于一个优秀的创意。对于商业创意，你至少已经具备了一点概念，否则你可能不会阅读这本书。在本章中，你将学习如何拿出你不成熟的、也许未经证实的创意，并评估其成功的可能性——然后改善、提高并巩固它。

商业模式的要素

商业模式是支撑一家成功企业的基础。它描述了企业如何为客户创造价值、传递价值，以及如何帮助企业所有者获取其中的一部分价值。每一家成功的企业，不管是大是小，是复杂还是简单，都是依据合理的商业模式运营的。（当然，一些大型的、复杂的企业可能同时按照好几种商业模式运营，那是因为它们包括了一些以不同的方式创造、传递、获得价值的部门。不要混淆了。）因此，作为创业者，你最重要的事情之一就是把你的商业创意变成一种商业模式，展现你将如何创造、传递并获取价值。

分析商业模式的方法有很多，亚历山大·奥斯特瓦德（Alexander Osterwalder）和伊夫·皮尼厄（Yves Pigneur）在他们的畅销书《商业模式新生代》（*Business Model Generation*）中讲述的是最有效的方式之一。在他们的架构中，商业模式包含九个基本要素：

■ **客户细分。**企业所服务的特定的、不同的客户群体，也就是说，企业为之创造价值的特定客户。

■ **价值主张。**企业是如何解决用户问题、满足客户需求，并在此过程中创造价值的。

■ **渠道通路。**企业是如何找到客户并向他们传递价值的——例如，通过网络直销、零售分销渠道、增值经销商、公司店面或联盟计划等。

■ **客户关系。**企业如何接洽、联络并留存客户。

■ **收入来源。**钱从哪里来：企业如何从它提供给客户的价值主张中获得收入。

■ **核心资源。**为客户创造和传递价值主张所需的资产，例如，厂房、机器等实物资产和有特定技能的员工等人力资源。

■ **关键业务。**使企业的商业模式运作起来的活动，例如发明、采购、建设、分配、运营等。

■ **重要伙伴。**使商业模式得以运作的外部组织，例如供应商和合作者。

■ **成本结构。**商业模式运营中产生的成本。

这九个要素可以在一张图表上画出，奥斯特瓦德和皮尼厄称之为“商业模式画布”[1]（见图 1—1），它用一种标准化、可视化的方式分析、发展和完善你的创意。你可以打印出一个大幅面的“商业模式画布”贴在墙上或把它摊开在桌子上，和你的联合创始人一起打磨研究。

商业模式画布的一个好处是，它强制你考虑所有关键要素，使得一个商业创意具备可以转化为一家可盈利、可自我持续公司的基础。

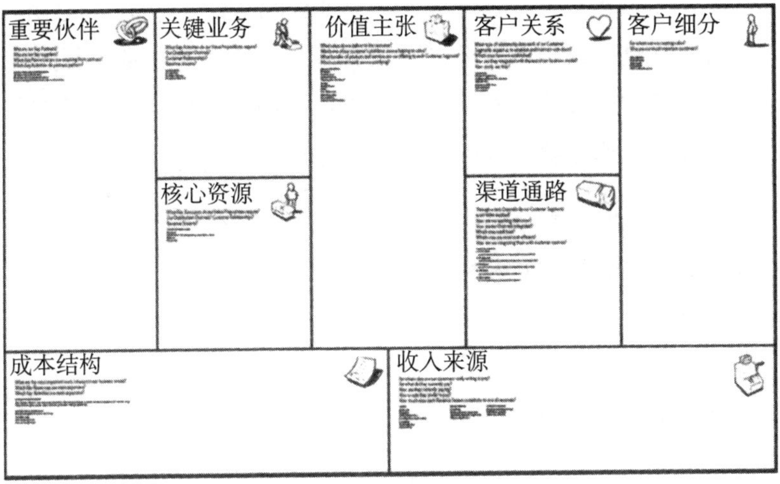

图 1—1　商业模式画布

理解商业模式的重要性

现在，似乎每个人都是潜在的创业者——就像每个人都曾经想做一位有抱负的演员或在口袋里装上伟大的美国小说。这些年我听到过很多关于产品和服务的巧妙创意，以我之见，一个雄心勃勃的人和一个真正实干的创始人之间最大的区别是，前者爱上了他的产品，而后者则爱上了他的商业模式。我常常与其他投资人讨论那些找我们融资的公司，我们都有着同样的反应："我简直等不及要购买这家公司的产品！但我不会投资这家公司……"产品或服务可能很酷，或新潮，或漂亮，甚至很实用，但只有当它创造的总经济价值显著高于总运营成本时，这才是一项可行的业务。如果你的目标是一家可规模化发展的企业，那么你要更进一步寻找随着规模扩大，越做越强——而不是越糟——的可行业务。

你怎么能确定你的商业创意是否有潜力成为一家数十亿美元估值的独角兽企业呢？在一般情况下，我们可以用一个简单的四因子数学等式来估算企业的基本生命力：

潜在购买者数量×
可获取的市场份额比例×
每笔销售的绝对金额×
净利润率＝

总的潜在利润

一个完美的新商业创意将检验所有这四个因子——也就是说，它适合于大量的潜在购买者，对其中很高比例的潜在客户有吸引力，能产生高的销售价格，并保证每笔销售的高利润率。为了确认创意具备真正规模化能力，你要检验第五项因子——规模更大时，业务需要变得更好。

例如，假设你正在评估一项家政清洁业务，如果世界上所有人的房子都需要打扫，如果你有办法锁定全球市场中所有的房子清洁服务，如果每个人都愿意为这项服务支付一大笔钱，如果你打扫房子的成本很低，并且成本会随着客户的增加而下降。我相信你一定会开展这项业务，对不对？

遗憾的是，关于家政清洁的这五点假设并不真实——这也解释了为什么还没有人因开展国际家政清洁业务而登上福布斯富豪榜首。

你可能会想，符合所有四个因子的商业创意是极其罕见的。然而，当你看看成功的企业，你就会发现，五个因子中只需要满足三个就成为一项可行的——乃至规模化的——业务。

以把游客送到国际空间站的太空旅游业务为例。这显然不是一个巨大的市场，因为它每隔几年只能容纳一位游客。但我的投资组合里的一个公司，恰恰是做这项业务的。为什么？因为票价大约是每人 5 000 万美元，这其中包含不菲的利润，以及 100%的市场份额。（不管你信不信，这也是一项起步相对不那么昂贵的业务，因为在公司向俄罗斯政府支付之前，客户提前全额付款。）虽然这项业务本身不能规模化，但该公司已将其经验扩展到类似领域，比如零重力飞机飞行、宇航员训练和战斗机任务等。

此外，当你做分析时，很重要的一点是要明确企业真正做的是什么。我们回到家政清洁的例子，试图把家政清洁做成大公司是非常困难的。全世界范围的物流服务将使其极难维持一个不错的利润率，竞争对手的低成本进入（竞争对手只需要一辆货车、一些工具用品以及几个雇员就能成立保洁公司）意味着你可能永远不会占有很大的市场份额。

但是，如果我们谈到类似天使名单（Angie's List）或房屋顾问（Home-Advisor）[①]，我们需要认识到的第一件事是，这些公司

① 天使名单是一家消费者评论网站；房屋顾问是一家提供房屋装修、维修及维护相关工具和资源的网站。

实际上不是在做保洁。相反，它引领了家政保洁收取预约及中介费的时代。这种方式完全改变了上面的等式。市场营销和服务交付成本是基于互联网的，因此非常低，而且这个成本随着规模的扩大会不断降低。另一方面，为客户传递的价值（实际提供保洁服务的人）与他们的机会成本高度相关（这意味着你可以有不错的利润），因为你可以通过互联网联系每个目标客户，这样你就有了一个庞大的目标市场（即使只有前 1% 的人愿意购买保洁服务）。

这也适用于其他小规模或低利润服务，比如出租车（Uber）、跑腿（TaskRabbit）、咖啡（星巴克预付卡），以及免费广播（Pandora、Spotify、iHeart-Radio 等）。一旦你根据其现有基础设施，为这些企业增加了几十项潜在的未来收入流（Uber 提供即时送货服务，在线音乐网站销售音乐会门票和纪念品，星巴克卖音乐和咖啡机等），这些看似不切实际的生意会变成具备非常大潜力的利润中心。

开发正确的思维模式的一种方法，是研究其他初创企业的商业模式——包括成功的和失败的。一些优秀公司的商业模式是从一个产业推广到另一个产业的，或通过调整已有成熟的商业模式释放出新资源、客户需求或技术创新能力。在某些特定的情况下，可以通过简单地改变同领域竞争对手“商业模式画布”九个要素中的一个，来创建一家成功的公司——例如，开发为客户传递价值的新渠道，设计维护亲密持久的客户关系的新方法，改善企业的成本结构以提高利润。①

---

① 研究其他公司商业模式的一个好地方是 businessmodelgallery.com，它按照商业模式画布格式重塑了 100 多种著名的模式，而且易于消化接受。你可以按照行业或公司类型浏览。

打造一家可规模化的初创公司

这本书的副标题是“25 步打造一家可规模化、快速成长的创业公司”，使用**“可规模化”**这个词是有原因的。成功的、赚钱的、对社会贡献颇丰的企业有很多，但从一个人的初创公司开始，创建一家独角兽企业对你来说可能是不现实的、无利可图的或者至少是太具挑战性的事。①

如果你正在阅读这本书，那么你就不太可能是建立一个死亡星球、开一家理发店，或者在你家的客厅里开木琴大师学习班。这是因为，尽管这些可能是有趣的机会，但出于不同的原因，它们都不是可规模化的。

一家初创公司的商业模式真正可规模化，必须同时具备三个特点：

1. 必须可以低成本启动。

除非你碰巧是皇帝帕尔帕廷（Emperor Palpatine）失散多年的女儿，否则你很可能没有足够的资金来建立你的第一个死亡星球，也无法募集资金这样做。② 理想的初创公司可以从自身的早期收入中实现自力更生——或者至少从创始人的储蓄账户里获得资金。

2. 随着时间推移，边际成本下降，即每增加一美元收入所需

---

① “独角兽”这一术语是由风险投资家艾伦·李（Aileen Lee）提出的，用来描述市值超过 10 亿美元的公司。

② 为了满足好奇心，理海大学（Lehigh University）的学生计算出建立死亡星球的费用约为 8 100 000 000 000 000（8 100 万亿）美元，是全球 GDP 的 13 000 倍。

的成本比之前低。

在谈论业务的可规模能力时，这是大多数人关注的核心。例如，亚马逊的 Kindle 出版业务是规模经济的，因为在亚马逊销售出第一本电子书之后，每增加一个副本几乎完全是利润。相反，如果你想扩张你的理发店，第二家店的成本几乎完全不亚于第一家（租金、设备和理发师的工资）。由于没有什么业务是无限规模经济的（也就是说，没有什么生意的成本可以降到零），我们要考虑的是相对的规模经济，这意味着企业必须比竞争对手在更大的范围内可扩展。①

3. 可规模化能力需要内置到你的商业模式中，而非依赖任何外生因素。

以赛百味（Subway）为例，它目前在世界各地拥有 4.5 万家三明治店。而且每天至少新开 6 家门店，包括周末！它是不可能做到在每家店都配置世界级的蓝带厨师。同样，如果你的企业依赖于招聘那些源源不断的可以担任好老师的木琴演奏家，恐怕这根本没有规模化可言。

① 有关可规模化的更多讨论，可以参考我的同事纽约天使投资人克里斯蒂安·马约（Christian Mayaud）的文章，http：//www. sacredcowdung. com/archives/2005/06/what_is_a_scala. html。

2

起草精益商业计划书，作为创业的路线图

提起“商业计划书”，你可能想到的是商业顾问起草的厚厚的文件，在递交给银行家或投资人之后，就被搁置一旁。现在，每个人都在膜拜精益创业的神坛，商业计划书已经众所周知是完全没用的老派东西了。你所需要的只是一份幻灯片演示材料和一支优秀的团队，对吗？

错了！在你不经意的时候，传统的商业计划书已经被至关重要的东西取代了，它是为你量身定做，而不是为别人；由你亲自准备，而非别人，并且不断审查、更新，这个重要的东西被称为“精益商业计划书”。在本章，我将借用蒂姆·贝瑞（Tim Berry）——世界领先的商业计划专家——的著作（已获许可）来简要概述。如果需要完整的实操课程，你可以阅读蒂姆的权威书籍《精益商业计划》（*Lean Business Planning*），既有书的形式也可

以在蒂姆的网站上（LeanPlan. com）看到一系列详细的免费文章。

精益商业计划的原则

1. 只做你会用到的东西。

精益经营意味着避免浪费，只做有价值的事。也就是说，从一个简明的计划而不是一个特大的文档开始，在后续规划中定期审查和修订。保持精简，因为它更容易、更合适，是在实践中真正有用的。

精益商业计划书是关于什么应该发生、应该在什么时候发生、由谁来做什么、成本是多少、收益有多少的计划，它集决策、清单和预测于一体，并不一定只是单一文档。你可以用它来跟踪你的计划，检查执行的结果，并定期修订，使计划与时俱进。如果它被归档在一个单独的地方可能更有效，但并不必须如此。它的重要性只依据你所需要的商业功能而定。

精益商业计划书主要的产出——因而也是主要的目的——是更好的企业。忘记外界的废话，等待蒂姆所说的“商业计划契机”，即别人想要了解你的公司将走向何方。那个时候，你可以拿出你最新的核心计划，添加上一点背景情况和格式材料，一切就准备妥当了。

要很好地运行业务，你需要非常清楚你的市场状况。不需要把你知道的一切囊括进精益商业计划里。

精益计划书的主题是会发生什么和你要做什么，它涉及商业战略、具体的里程碑事件、日程、期限、销售和费用预测等等，绝非一篇学术论文。

2. 这是一个持续的过程，不仅仅是一份计划。

精益商业计划不是一次性的计划，就像精益生产和精益创业一样，这是一个不断完善的过程。

在精益计划下，商业计划书始终是最新版本。这也就意味着，你永远不会完成商业计划书，不能如释重负地松口气，祝贺自己永远不用再做了。随着精益计划的进行，商业计划书越来越简化，所以你能更容易、更经常地更新，要至少每月更新一次。精益计划书比静态计划更有用，就在于它总是最新的，总是被跟踪、审查、频繁修订的，因而也是管理的重要工具。

正因如此，商业计划书不是单一可以买到或者预先编写的东西。你不能做过就忘记它，也不能让别人代写。如果你不是清楚地了解你的计划，那就相当于你没有计划。

3. 假设条件不断变化。

关于计划，最大、最普遍的谎言是，它降低了灵活性。但事实上，如果采用正确的方式，它会塑造灵活性。精益商业计划管理变化，而不是受变化的威胁。

有效地运行业务需要关注细节，也需要拓宽眼界。重要的是同时向上看（看你周围的球场上正在发生的事情）和向下看（控球）。

4. 授权问责。

和你的同事成为朋友比管理他们要容易得多，每一位创业者都必须处理管理和职责方面的问题。精益商业计划设置了明确的期望并跟踪结果，并对结果和之前的期望进行比较。在团队中，真正做到跟踪结果并落实到责任人，这才是有效的管理。

在优秀的团队里，负面反馈在于衡量机制本身。如果团队共同参与制定计划和审核，没有人需要责骂或训斥他人。良好的表现令人感到骄傲和快乐，糟糕的表现让人尴尬，它是一个能自动反馈的机制。

但是，避免华而不实的机械标准这一点很重要。有时候——其实经常发生——衡量机制因为前提条件的改变，或不可预见事件的发生会不合时宜。你需要协同管理，分离出这些不合适的结果。你的团队成员会发现这一点、相信这个机制并继续做出贡献的。

5. 计划而非会计。

商业计划中最常见的错误之一，是混淆计划和会计，对于精益计划也是如此。尽管预测看起来像会计报表，但仍只是预测。预测的目的并不是完美地猜测未来，而是定下期望、连接支出和收入的关系。会计是从今天往回看具体细节，而计划从今天向后看，在不断总结和整合中展望未来。

会计报表和会计报告必须准确概括在过去发生的实际交易，但是预测不像财务报表，它不是实际交易的数据报告，而是对未来有根据的推测。会计报告记录在数据库中，而对于预测，我们会推测总数是什么。

所以，不要试图去想象和报告未来所有的每一笔交易，只需估计总数即可。这不仅更容易，还会更好，而且对于预测如何帮助你进行管理以及如何处理数字是更好的匹配。

如何起草精益商业计划书

1. 确定战略。

如果你截至目前一直跟着本书的节奏，可能你已经顺利确定了公司战略，这是上一章“商业模式画布”所讲的。

当机会出现且需要做出决策时，你应该有一个要明确专注的核心业务。想进入每一个新兴市场，去获取每一位客户，这种想法融入在创业者的 DNA 中，但是一个好的战略有助于在激情之外理性确定新机遇的范畴。

最后，每月回顾审查当前战略和潜在修订的战略，以应对现实世界的情况，这也是精益商业计划不可分割的一部分。

2. 制定实施战略的策略。

你应该把商业计划想象为一座金字塔，战略在顶部，策略在中间，具体细节在底部。在金字塔中间这个连接“为什么”到“做什么”的部分就是你的策略计划（见图 2—1）。

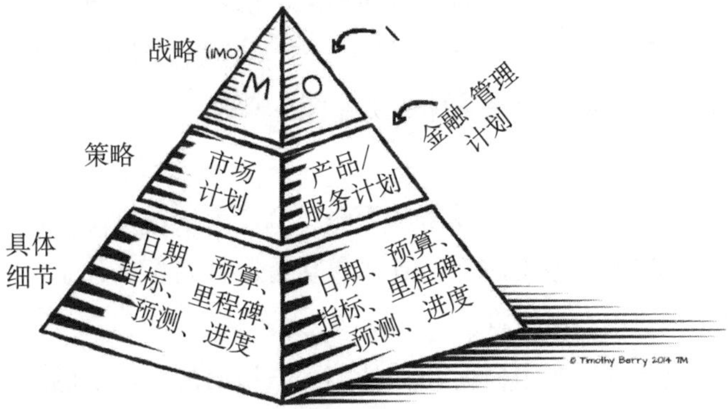

图 2—1　精益计划金字塔

精益计划中，策略应该尽可能简单，最好只是要点说明。不要担心文字描述或背景信息，除非你有一单真正的业务需要向外部解释这些。要着重去思考你的营销和产品规划，并把规划做好。

营销策略。营销的本质是让客户知道、喜欢和信任你。要做到这一点，就必须从内到外地了解客户，知道如何找到他们以及在哪里找到他们，如何让他们找到你，如何以最能使你的战略和业务相匹配的方式展示你的业务。你必须做出关于定价、消息传递、分销渠道、社交媒体、销售等方面的决策。这些要点在精益计划中仅供内部使用。

产品/服务策略。产品和服务策略是有关定价、包装、服务规范、新产品或服务、采购、制造、软件开发、技术购买、商业机密、捆绑销售等的决策，在精益计划中这些项目决策以要点的形式展示。你可能已经对你的策略非常明晰，因此所需要做的就是在精益商业计划书中将其简要列出。

其他策略。通常包括财务策略、团队建设、招聘、雇佣策略，或后勤策略——比如新建办公室或厂房等。识别策略比定义策略更容易，要专注于策略的内容和计划，思考是否吸收传统的营销计划、产品计划、融资计划。下一步就要根据具体的阶段性目标、绩效指标、一系列假设条件等实施这些策略。

3. 具体细节。

一旦你有了清晰的战略和策略，就需要关注细节，即跟踪进度、发现问题、做出改变，具体包括阶段性目标、评价机制、预测以及定期审查和修订。

审查计划。对于任何商业计划——精简的、传统的或任何其他形式的——最重要的组成部分是审查计划，这将商业计划纳入了管理之中。它使参与其中的每个人（即使只有你自己）清楚该计划将定期审查和修订。所有负责执行商业计划书的人必须知道什么时候、由谁审查。这有助于清晰地表明，商业计划是一个活的管理工具，不是被遗忘的摆设。

确认并列出假设条件。确认假设条件对于从商业计划书中获得真正的商业利益很重要。当今世界是飞速变化的，而计划是管理变化的。假设条件解决了随着时间的推移有关管理一致性和机械地头撞南墙的两难境地。

每家公司的假设条件可能不同，所以没有固定的假设条件列表，最好是按照建立双重行动计划来思考假设条件。

如果可以的话，突出产品相关和营销相关的前提假定，把它们放在不同的分组或列表。关键是要能够确认和区分（在常规审查和修订时）变化的前提条件和计划与实际业绩之间的差别。有了一个好的假设条件列表，你才能真正建立问责制。

阶段性目标。所有真正的计划都有阶段性目标，是用来管理职责、跟踪结果并审查修订的。如果没有跟踪和审查，就没有管理，没有问责。

正如你需要策略来执行战略，你也需要阶段性目标来执行策略。我们详细比较一下策略和阶段性目标。

把阶段性目标列表分类，确定有关产品、服务、营销、管理、财务的策略中什么是应该发生的和在什么时候发生，包括发布日期、修改日期、可用性、广告、社交媒体、网站开发、程序生成和流量目标。这些阶段性目标通过预算、截止期限和责任落实等设置使策略实际化、具体化，它们是策略和战略的基石。阶段性目标（实际管理和分析）对正在进行的计划是必要的，它将计划变为了管理。

可以按照表 2—1 制定阶段性目标：

- 项目
- 日期
- 预算
- 责任人
- 预期表现指标
- 与特定策略和战略的关系

表 2—1　　精益计划书的阶段性目标表格示例

阶段性目标	完成日期	责任人	详细策略
重新配置社交媒体账户	完成	泰瑞	营销策略
调查库存周转	完成	盖瑞特/莱斯利	财务审查
跟卡洛琳见面审查市场战略	完成	盖瑞特/泰瑞	
前十大客户名单	2014 年 11 月 13 日	泰瑞	策略：专注
社交媒体项目	2015 年 1 月 14 日	泰瑞	确保我们都在新年的同一页面，社交媒体优先级、内容、重点、特定计划
月度审查	2015 年 2 月 19 日	盖瑞特	
春季推广计划	2015 年 3 月 18 日	泰瑞	自行车运动季又到。审查常规营销计划、特定销售计划和事件计划
主办自行车维修研讨会	2015 年 5 月 2 日	泰瑞	策略：更多客户服务
夏季营销计划	2015 年 5 月 20 日	泰瑞	为夏季建立特定的社交媒体内容和事件。参与社区自行车活动
夏季财务战略	2015 年 5 月 20 日	莱斯利	在现金流、运营资金以及夏季淡季的财务需求方面进行年度财务检查
审查夏季库存计划	2015 年 6 月 20 日	盖瑞特	财务审查
返校项目	2015 年 8 月 19 日	盖瑞特	下一学年特别的销售、推广、事件和社交媒体运营
年度战略审查会议	2015 年 10 月 7 日	盖瑞特	SWOT 会议，战略及策略审查

指标。建立业绩指标是问责制的一个核心组成部分，也是精益计划的原则之一。把指标作为精益计划的明确组成部分，介绍给管理团队，然后在每月的审查会议上不断展示结果。管理往往被归结为制定明确的期望和跟踪后续行动，这些期望就体现在指标中。

最明显的指标体现在财务报告中：销售额、销售成本、费用等。然而，在良好的精益计划中，除了财务报告，你可以在整个业务中寻找衡量指标。例如，与营销相关的有网络、社交媒体、电子邮件、转化率、访问量、导引、研讨会、广告、媒体版面等；销售应该跟踪电话、回访、报告、提案、商店的客流量、价格促销等；客户服务也有电话、问题解决度和其他指标；财务和会计指标包括收款日期、付款日期、存货周转率等，业务里充满着需要管理的数字和需要跟踪的业绩表现。衡量指标融入在计划中，并分享给管理团队，会产生更强烈的责任感，激发更强大的管理能力。

持续经营的公司总是在修订其计划。永远不变的是变化，所以要每月回顾计划。真正的商业计划书是永无止境的。如果你的计划完成了，你的业务也就做完了。计划是管理变化的，而不是被变化牵制的。随着业务的发展，商业计划也要变更。你要加入适合你的需求的东西，添加产品和市场信息以协调发展、部署、消息传递和时机，增加融资以覆盖资产负债表中的贷款和设备资本。

蒂姆·贝瑞称一般的精益计划过程是 PRRR 循环——“规划（plan）、运行（run）、审查（review）和修改（revise）。”这是传统的精益商业技能的简化，也是管理高增长初创公司最关键的工具之一。

可行的精益商业计划书是规划过程的第一步，这将有助于引领业务、优化管理，以确保所做即所想。一定要贯彻审查计划这一步：每月审查计划与实际结果，保证你的计划的是活着的，并且不断在成长着。保持精简，不断坚持。

3

寻找并了解你的竞争对手

在规划和启动公司时，对竞争对手有明确、详细的了解是非常重要的。客户几乎从不凭空做购买决策，相反，他们会有意或无意地货比三家。所以每一家公司的创始人都应当做竞争性分析。

识别竞争对手

你可能会认为你熟悉大多数领先的竞争性机构，如果是在你曾经工作过的领域创业的话，尤其如此。然而，在这个创业浪潮和创业长尾的时代，我几乎可以保证你有未知的竞争对手。实话说，目前 Gust 平台上有超过 50 万家创业公司正在接洽或者寻找天使投资人。

这些创业公司都不是你的竞争对手的概率（毫不夸张地说）是五十万分之一！所以先别自大，审视自己，通过以下部分或所有方法，提高你对未知竞争对手的了解：

访谈潜在客户。对你的潜在客户进行调查，是业务开展之前的规划进程的一部分。跟客户交流的一个必要的话题就是竞争对手：问他们目前从哪里购买你计划提供的产品或服务，并用后续问题来衡量他们的满意程度，以确定你如何改善已有的产品或服务。

调查竞争对手的广告和营销工作。对所有相关媒体和网络做一次全面搜索，当你发现竞争性商品或服务的广告或促销时，尝试了解对方的价值主张、差异化定位以及其潜在的市场弱点。

参加展览、会议和商业论坛。寻找像你这样的公司通常聚会的地方。如果你创立的是一家企业服务的公司（B2B），去参加潜在客户可能会参加的展会和活动，很可能你的竞争对手也会出席向与会者推销自己。

加入行业协会。几乎每一个重要的行业都有一个或多个这样的组织，考虑加入那些与你的市场地位相关的协会。这不仅可能是竞争情报的重要来源，也会带来行业有关的发展趋势的消息、有意义的项目和拓宽人脉的机会。

评估竞争情况

第二步是尽可能多地了解你的竞争对手，评估竞争对手商业模式的长处和不足，这些可能与他们的长期竞争地位相关，甚至至关重要。竞争对手的规模可能更大，基于产品、服务或客户群的收入来源更多，这些可能给他们提供潜在的资金实力，使得其在价格战中更难被打败。有的竞争对手可能已经想出办法将一些成本降至零！

有许多方法可以了解你的竞争对手，下面是一些竞争分析方法：

开展实地研究（做第一手研究）。参观竞争性公司进行第一手研究（对于实体公司），或在网站上体验他们的产品（如果他们完全是网络的）。直接观察和“感觉”竞争对手如何做生意，这种体验是无可替代的。获得客户体验感的最好办法是真正成为一名客户——购买竞争对手的产品，体验竞争对手的产品质量、销售技巧、交付流程和客户服务。

在这一过程中，避免欺诈行为是非常重要的。不要对你的身份撒谎、提交虚假文件或做任何有道德或法律问题的事情。如果你本人不是目标客户群中的一员——比如你年纪不合适或性别不符合，可以让你的员工、团队、朋友或家人帮你做研究。

采访竞争对手的客户。采访一些一直使用竞争对手产品或服务的客户，发掘对手的长处和不足。询问客户是如何发现以及为什么选择该竞品，他们曾尝试过哪些同类产品，如何才能让他们改变选择。

看看网上的评价。几乎所有产品或服务都有批评者也有粉丝，整体的评论比个别用户（可能是该公司的“水军”或偏激的客户）的意见更有指导意义。

与竞争对手现在或过去的员工交谈。通过采访竞争对手的员工，你可以了解对方的产品质量、服务质量、客户关系、管理规范等很多特征。无论身处哪个行业或市场，你都会发现这是个小圈子，你会发现自己在和了解竞争对手内部情况的人沟通。无须诱使任何人违反保密协议或侵犯知识产权，你可以通过公开的交流了解很多关于竞争对手的信息。

调查竞争对手的在线招聘工作。你在招聘时也很可能会使用在线招聘网站，将这些网站作为竞争对手招聘活动的信息来源。他们在招聘什么样的人？他们看重什么背景特征、学历和专业技能？

研究专业的商业网站。阅读你所在行业的专业人士在社交媒体网站发布的资料、评论、博客等消息。这些内容会——公开或隐蔽地——包含竞争对手的企业文化、业务模式、公司战略和经营策略等线索。

竞争分析中的常见错误

当你收集这些竞争信息时，尽可能有条不紊、公正准确、周到详尽。不要过度倚重你已经打算信任的数据和信息。研究者将这种倾向叫作确认性偏差，人们很容易落入这种倾向而不自知。

商业计划书中一个业余——甚至幼稚——的表现是声称“我们公司没有竞争对手”。你可能认为，这会使你的商业理念对潜在投资人非常有吸引力，但实际情况正好相反。还记得 Gust 网站上的 50 万家创业公司吗？当你声称没有竞争对手时，一个精明的投资人会认为，你要么没有仔细研究市场（简单地忽略了竞争对手的存在），要么你的商业理念没有真正满足用户需求因而对客户没有太多吸引力。请记住，除了直接的竞争对手，你还要与那些和你的公司满足相同基本需求或通过其他方式提供同样价值的公司竞争。

对竞争对手的定义过于宽泛，很容易让你错误确认竞争对手——比如你们瞄准的客户群不同，或你们的价值主张完全不同，以至于客户不会在你们之间进行选择。或者，你也可能会过分狭隘地定义竞争对手，错误地排除掉了产品略有不同但和你的公司满足同样基本需求的公司。

为了确保你专注于真正的竞争对手（且只有真正的竞争对手），可以问问自己：某个客户在特定的时间寻找满足特定需求的商品或服务时，可能选择这家公司而不是自己的公司吗？如果答案是肯定的，那么这就是一个真正的竞争对手。

可视化竞争分析

一旦你收集好了领先的竞争者的信息，用一个可视化的方法快速清晰地比较你的产品和竞争对手的产品。

竞争分析矩阵

最简单的方法，是用竞争分析矩阵给每个竞争对手打分（例如，最高 10 分，最低 1 分），以反映其在特定因素上的表现（见表 3—1）。竞争分析矩阵以示意图的方式，模拟潜在客户的决策过程。大部分潜在客户不会自找麻烦，以书面的方式做竞争分析，但很多人做购买决策时所考虑的信息，是和竞争分析矩阵很接近的。竞争分析矩阵能让你更了解潜在客户的想法，找出自己产品的优势和劣势，了解你的产品或服务需要提高的地方，以确保它至少和竞争对手的一样有吸引力。

表 3—1　　竞争分析矩阵

竞争因素	你的产品	竞争对手 A	竞争对手 B	竞争对手 C
产品质量				
产品价格				
购买难易度				
服务质量				
品牌声誉				
运营优势/劣势				
资源获取				

竞争分析矩阵描述了你的主要竞争对手，以及你所面临的竞争优势和劣势，它可以作为你起草商业计划书时的一站式信息来源。

象限图

象限图出现在许多投资人的办公桌上，因为它清晰地展现了你打算与他人竞争的两到三个最重要的领域，它通常刻画两个重要属性和许多竞争者在其中的相对位置（见图 3—1）。

虽然有时能有效解释市场的情况，但往往你的公司会莫名其妙地成为独自站在右上角象限的孤独英雄。请确保在竞争分析时没有自欺欺人。

花瓣图

最新的竞争可视化分析模式之一是由斯蒂夫·布兰克（Steve

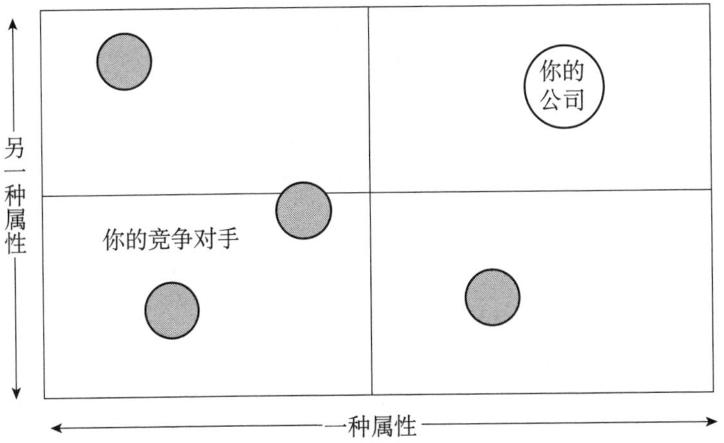

图 3—1　象限图

Blank）在 2013 年的一篇博客中提出的：花瓣图。在快速变化、互联互通的世界，一家公司可能面临着许多不同产品和产品线上的竞争对手，简单的矩阵或象限图可能无法反映全貌。相反，花瓣图把你的公司放在中心，其他竞争对手根据其领域、产品或市场被放在不同“花瓣”上，如图 3—2 所示。

竞争分析的专业服务和网络工具

许多咨询公司和专业公司提供竞争分析的个性化服务。如果公司的规模、复杂性和成长潜力合适，你可以聘请他们来帮你进行全面专业的竞争分析。

然而，对于很多创业公司，尤其是网络公司来说，一个更实惠的选择是基于云的工具。这些服务可以自动跟踪竞争对手的网站、流量、广告、社交媒体等线上活动，并在竞争对手有任何重

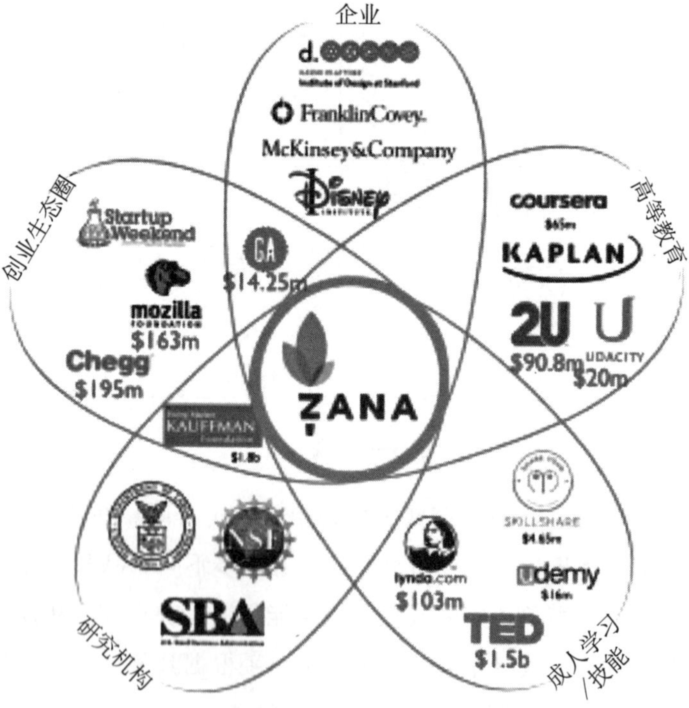

图 3—2 花瓣图

资料来源：斯蒂夫·布兰克：《一种审视竞争对手的新方式》，2013 年 11 月 8 日；已获准许转载使用。

大变化时提醒你。[2]

无论你自己做竞争分析还是聘请外部公司，你都要确保你对市场竞争对手的了解是详细、准确和及时的。了解你的竞争对手在做什么，是战胜他们、赢得客户的青睐——和钱包——的必要前提。

4

打造梦幻团队

创立和经营一家企业——不是个体户——是一件复杂的事情。因此，渴望未来具备高成长业务的大多数公司通常是由两个、三个或者更多人组成的创始团队发起。整合几个人的优势、见解、经验、才能、关系和资源，往往能给予创业公司更大的成功机会，而不是完全将重担放在某一位有才能的人肩上。也就是说，创立一家公司和成为创业团队的一分子是完全不同的。

创立一家新公司所需具备的核心才能

自从比尔·休利特（Bill Hewlett）1939 年与戴维·帕卡德（David Packard）一起创建了世界上最大的个人电脑公司之后，在硅谷就出现了一个经久不衰的争论：创办科技公司时谁更重要，技术人员还是商人？是史蒂夫·乔布斯（Steve Jobs）还是斯蒂夫·沃兹尼亚克（Steve Wozniak）？是比尔·盖茨（Bill Gates）还是斯蒂夫·巴尔默（Steve Ballmer）？是吉姆·卡拉克（Jim Clark）还是马克·安德森（Marc Andreessen）？

科技公司代表了每年新创立的成千上万家公司的一小部分，而在其他大多数商业领域也存在类似的争论，创意派和市场派的合伙人究竟谁更重要。在时尚界，是设计师与营销及生产专家之争；在食品行业，是厨师或风味专家与加工及包装专家之争；在旅游或酒店业，是对接客人的前台与管理物流、设施等细节的后台之争。

对于这个问题，我认为现在是时候完全抛弃商人这个概念了。企业都有三个关键的组成部分——就像经典的三条腿凳子——尽管经济价值不同，但它们都是成功的关键。令人困惑的是，它们可以全部依赖一个人，也可以分给几个人实现。在市场经济中，不同组成部分的供给数量不同，供给与需求法很好地为它们分配了价值。

令人惊讶的是，这三个组成部分不是传统的技术/业务部分，甚至不是编程技术/用户交互/市场/销售。我以一个由连续创业者转型的连续投资人的视角，按获取难度将其由低到高排序如下：

概念。一家企业是开始于一个创意。虽然这个创意可能（并且很有可能）随着时间的推移而发生变化，但是从长远来看它在某些基本方面必须是成功的。看到一份关于 21 世纪马车鞭的商业计划书，或是跟风做社交网络的商业计划书，我能有多兴奋呢？基本理念必须在技术、市场和竞争环境方面某种程度上说得通，这一点是最重要的。好的创意一点也不难找到，好点子有成百上千万，将其中一个变为巨大的成功在于：

执行力。这一点超越了所有的传统因素。通过判断执行力，你可以寻找最棒的 Rails 程序员、世界一流的信息架构师、完美的销售人员、令人信服的业务员和杰出的首席财务官（CFO）。为落实创意，每项职能都是必要的。在流动的、资本和市场自由的社会里，通常基于人们对企业的直接贡献和他们在就业市场上的稀缺性，市场能有效给这些职能角色分配经济价值。

这就是为什么我们常常看到大企业销售人员赚到高达六位数甚至七位数的薪水或佣金，而新手程序员的薪水可能刚到五位数。相似的，一位杰出的首席技术官（CTO）的薪水可能在中等的六位数水平，而一位做电话销售的新手可能起薪就达到六位数。编程、设计、生产、销售、财务、运营、营销等都属于执行技能——没有强大的执行力将很难获得成功。

如上所述，如果有足够的钱，每一种技能都能购买到，可以依据上述每个方面配置一名全明星团队去执行任何好的创意。但是，这还不够。为什么？因为还缺少最后一条至关重要的“腿”，决定能否获得最大收益：

创业者。不管是科技类还是其他类型，创办一家公司的核心是创业者。这不是上述任何一种功能性技能，而是集视野、激情、领导力、责任感、沟通技巧、狂热和融资能力于一体，最重要的是有意愿承担风险，将前述技能结合在一起，去创建一家在我们经济中承担价值创造角色的企业。这个功能是最稀缺的。

要重点关注的是，创业功能可以包含在技术人员（比尔·盖茨）、销售人员［马克·库班（Mark Cuban）］、用户交互专家（斯蒂夫·乔布斯）或金融家［麦克·布隆伯格（Mike Bloomberg）］身上。

要创建一家成功的公司，创业者要把上述所有的部分汇集在一起，要认识到无论他一开始拥有的是何种功能性技能，都可以与其他技能一起得到加强，还要理解最大份额的利润将（在调整资本成本后）归于创业角色功能，数百年来一贯如此。

你拥有哪些部分？ 欠缺哪些部分？

回答这些问题，能让你知道谁是能帮你启动公司的理想合伙人。唯一最重要的问题是：你是这位创业者吗？在我们飞速发展、高速成长的世界里，许多人都希望自己是创业者，但事实上，只有极小部分人真的是创业者。尽管电视节目和社交媒体上都在称颂创业者，但是或不是创业者并没什么正确或错误、好或坏之分。他们只是……很不同而已。关键的是你要对自己诚实，因为正确回答这个基本问题，将有助于你知道正在寻找的联合创始人类型，并促使创业公司走向成功。反之，对这个问题的错误认识，以后至少会导致痛苦的重组，更有甚者是企业末日的开端。

我见过对创业者生活最好的描述，是 Ecquire.com 创始人保罗·德乔（Paul DeJoe）在问答平台 Quora 上的回答：

> 每周的大多数夜晚，都难以入睡。对你来说，周末再也没有任何意义。结束一轮融资后，并不能松一口气，因为这意味着更多的人想要依靠你实现 20 倍的投资收益。
>
> 很难“停下来”。但同时，当公司的未来正在你的收件箱里，或者在你决定要执行的一份新的 A/B 测试结果里，电视、电影和假期对你而言就十分无聊了。
>
> 当你在做某件你喜欢、但与公司无关的事情时，你会感

到内疚。只有经过多年的心理斗争，你才能认识到“平衡”是一门艺术，与你希望拥有的任何其他技能同样重要……

你开始佩服鸭子：既要在水面下拼命划水，又要在每个人都可以看到它的水面上保持平稳冷静。你历经艰难终于明白，如果失去冷静你就输了。

你总是问自己，我让世界变得更好了吗？人们因为认识了我而生活变得更好了吗？……

你开始认识到“创业者”这个词是一种性格。你很难跟那些与你承担不同风险的朋友交谈，因为他们满足于不逼迫自己、不用每天被公之于众的失败的可能性盯着（原文如此）。你开始把与亲戚的闲聊，看成他们可能如何寻求机会谋利。对于你关注的事情，那些与你亲近的人的观点可能完全不同，因为他们不理解。你不怪他们。如果他们没有亲身经历，他们是不能理解的。这就是为什么你会看重其他创业者。你会因帮助其他创业者而受益……

你得乐于睡在车里，还能一笑而过。你必须能够笑着面对许多事情，因为世界上你所能想到的可能发生在你公司的最糟糕的（原文如此）事情，都可能会发生。想象一下，为之奋斗两年的工作必须（原文如此）完全放弃，因为有一天你发现这是错的。你以为如果你的团队充满乐观的氛围就不会死，事实上情况恰恰相反：你会爱上这个旅程，即使最低落的时候，你也会期待每天要做的事（原文如此）。你会听到“情况糟糕的时候不要太低落，情况好的时候不要太兴奋”的建议，你甚至也会给出这样的建议。但是你永远不会采纳，因为永恒的中庸不够刺激，四平八稳永远得不到值得庆祝的东西。最困难的挑战会让你上瘾，因为事情的困难程度和实现不可能的喜悦直接相关。

你意识到没有钱更有趣（原文如此），钱可能是最糟糕的个人目标。如果你有幸真的这样认为，这种超现实的感觉是最接近平和的，因为你意识到工作和挑战才是你所爱。自由、自主、责任和认可是你的货币，这些也恰巧是你希望周围的人所认同的同一货币。

你觉得你像是客户的父母，他们永远不会意识到你多么爱他们，也正是他们证实你不是个疯子。你想拥抱每一位客户。他们就是你世界的全部。

创业者比任何其他职业都更能了解自己。你在无数次的碰壁中更加了解自己做的事情。没有人关注你，这却让你更加坚定自己做的事情。你在许多事情上都做得很糟糕，幸运的是有一些你擅长的事情，你唯一最擅长的事情是做自己，这就是为什么你永不妥协……

你会加倍感激这段很难更糟糕的岁月，大多数人在任何其他职业都不会体会到这一点。当情况真的很糟糕时，会有人不假思索地来帮助你……你永远欠他们的人情，你永远无法偿还，而他们也不期望你偿还。

你开始意识到，在生活中，世界上最幸运的人只会在一件事情上至臻伟大。了解这一点有助于理解你的使命。

凡此种种，创业依然令人兴奋。每一天都是全然不同而激动人心的。即使情况糟糕，这也是刺激的。你的决定不仅会影响自己而且影响着许多人，我宁愿每天承受这份重担，好过不能掌控自己的未来。这就是为什么我不能去做其他事情。

这引起了你的共鸣吗？或者，这似乎介于恐怖和自虐之间？

如果是前者，那么你可能确实是真正的创业者，你需要寻找的合伙人是那些在编程、设计、销售、市场和运营方面有执行力的人；但如果你是后者，你可能会发现你更适合担任联合创始人的角色，你需要寻找的合伙人是疯狂的创业 CEO。无论哪一种情况，是创始人还是联合创始人，在创立公司的几年里，你最好做好牺牲生活中一切的准备。记住，从来就没有人说过这很容易。

在创始团队中建立预期

在你和可能的联合创始人一起踏上创业征程之前，你将面临与商业相关的个人的、心理上的和情感上的一些艰难挑战。

如果你希望和一位或几位朋友合伙创业，你需要面对一个艰难的事实：准备好失去友谊。创业是最容易耗尽情感的活动之一，如同婚姻和育儿。鉴于创业公司失败的可能性（大多数如此），试着想想你们的友谊能否在公司破产时幸免于难。尽管并非一定如此（我们不是在谈论和配偶一起做生意），但破产是一种切实存在的可能。

在其他方面，尽你所能确保共事的每个人都有相似的期望，这些期望应包括以下问题的答案：

■ 我们开展什么样的业务？我们的盈利模式是什么？我们有什么样的增长预期？

■ 创始团队的每位成员在业务上将发挥什么作用？

■ 团队中的每位成员应该工作多长时间？所有团队成员都是全职工作吗？

■ 团队的每位成员将贡献哪些其他资源？这些资源可包括具

体的才智和技能、个人持有的知识产权（例如产品设计、软件代码、书面文件、专利、版权、商标等）、人脉关系和社交能力、实物资产（如厂房、机械或工具），以及金融资源。

■ 影响业务的决策机制是什么？即使是平等的合作关系，创始团队中必须有一个成员掌握最终决策权，否则公司就会陷入犹豫不决的风险……而这是难以负担的。因此，创始团队中，谁是那位创业 CEO？

■ 创始团队的每位成员有着什么样的个人目标？每位成员希望在公司工作多少个月或多少年？团队成员的个人生活目标如何与公司的成长预期相符？

此外，你需要明确公司的收益将如何分配，特别是如何分配股权。我们将在第 5 章更详细地讨论股权分配和公司资本化，但是现在，我们将股权视为“公司的所有权和控制权”。因此，以公平的方式分配股权并创造有效的激励是创业初期面临的最艰巨的挑战之一。

注意：对所有分配给合伙人的任何权益做“兑现”安排是绝对有必要的。这意味着，尽管公司的所有权在创始团队之间进行了分配，但即使他们中的一位或几位在公司完全成熟之前离开，公司也能够重新拿回部分权益。虽然这可能一开始看似对各位创始人不公平，但我看过很多公司因缺乏这种安排而覆灭。

时间投入、薪酬、股权和其他贡献，所有的事情都需要为创始团队的每位成员慎重而诚信地定制，他们可以有不同的目标——这无可厚非——但是不同需求要充分、公开地进行讨论。如果在业务发展过程中，团队成员惊讶地发现有人 7×24 小时全天候工作，而另外有人每天只工作 4 小时，那么团队很可能会陷入争论和指责之中。因此，创业团队之间需要相互诚实地了解他们各自愿意承担什么。

同时，最好能在创业初期的计划中多留一些灵活性的空间，必要的平衡很难达到。一方面，如果一开始你对所有事情不是很清晰，你就是听天由命，要祈祷将来不会出现灾难；另一方面，如果在开始之前一切都定好了，你也许会在 6 个月或 12 个月之后发现，并不是每个人的贡献都像你一开始所设想的那样，而自己设定了一个完全难以维持的架构。

我所见过最好的联合创始人之间的“协议”是麦考密克 & 奥布莱恩公司（McCormick & O'Brien）的“创始人协议”，经他们许可放在附录 F 中。它旨在为创始人减轻需要承担的风险，同时，在可行业务开展或建立公司之前，尽量分解企业创立和资本化所需的工作和费用。但是请注意，不应将其视为记录其中要点的长期法律文件的替代（比用投资意向书取代正式融资文件要好一些）。它只是一个临时的应急措施——口头的握手合作和一叠法律文件之间的中间步骤。它有助于创造条件，推动公司设立进程，但不能替代这个过程。

一旦你清晰地认识到你的商业创意有可能变成一家公司（不只是一个幻想的项目），你绝对需要积极地、合法地成立和架构一家真正的公司，这一点我们将在第 9 章继续讨论。

5

创业公司的股权分配

对于每家拥有多位创始人的创业公司而言，制定一份股权分配计划，用以公平地认可、表彰和奖励各位联合创始人的贡献，这是他们所面临的巨大挑战，而且可能比任何其他问题都更加棘手。基于此，关于这个话题，有很多不错的博客和文章提供了一些建议。①

---

① 参见马丁·韦林（Martin Zwilling）的《不要在创始人之间平均分配股权》（http：//www. businessinsider. com/splitting-startup-equity-for-your-piece-of-the-pie-2010 - 11）；丹·夏皮罗（Dan Shapiro）的《最不可取的是对半分》（http：//www. geekwire. com/2011/wrong-answer-5050-calculating-cofounder-equity-split/），以及埃里克·莱斯（Eric Ries）的《创始人困境：股权分配》（http：//www. startuplessonslearned. com/2012/04/founders-dilemmas-equity-splits. html）。

分配股权

所有这些专家都同意的一件事情是，创业公司在创始团队成员之间平均分配股权的做法是错误的，尽管这看起来是最显而易见、最简单和最客观的分配方式。创始人需要用最公平的方式，按每个人提供的相对价值进行分配。

这种做法存在困难的一个因素是，不同团队成员的贡献有很大的差异性。创始人A可能是最初的商业概念的缔造者；创始人B可能具有最高水平的行业知识和经验，以及将概念转变为现实的实用技能；创始人C可能非常努力，付出了大量血汗使公司即使在糟糕的情况下仍能运行；创始人D可能与那些能够决定公司成败的关键业务伙伴保持紧密的个人关系；创始人E可能投入了大量的个人资金，帮助企业顺利起步。你如何比较及平衡这些不同的贡献，并合理地确定其价值？

遗憾的是，没有定规来解决这个困境。例如，付出汗水和投入资金之间没有具体的价值比率，这甚至不是一个好的思考方法。资金只是底线，其他的一切都无关资金。因为资金是可替代的，这意味着它可以交换一切东西，从编程技能到海滨度假，而其他的东西，比如你的时间和精力，则不能交换。

更好的思考方式是将为一家创业公司付出“血汗”的两个方面分开，这两方面完全不同，并具有完全不同的经济属性。

一方面是创始人的创业价值。即当一个人开始创业，并创建了一些有价值的东西时所产生的价值。如果你创办了一家公司并以200万美元的估值，完成了一轮天使投资，那么你实现这些所花的时间和精力的创业价值是 200 万美元。创造的这个价值与量化的工作付出无关。你可能是每天辛苦工作 18 个小时、一周 7 天、工作 5 年创造了这些价值（在这种情况下，劳动的价值是 8.70 美元/小时），或者你也可能提出了才华横溢的概念、执行计划，和团队齐心协力在 2 周内优哉游哉地工作做到的（在这种情况下，劳动的价值是 25 000 美元/小时）。

另一方面是特定工作中具体技能和付出的重置成本。如果相同的任务，可以通过一个程序员（或营销人员、兼职 CFO）的 2 000美元短期劳务合同实现，那么这 2 000 美元就是该工作的重置成本。

在现实中，一旦一家公司获得投资，确定了估值，那么在这之后的“汗水股权”通常根据其重置成本进行补偿，也就是说，在手头拥有资金的情况下员工应当获得的工资。员工要么获得这些股权作为报酬，要么是这些股权再加上一笔奖励（比如额外的 25%或 50%），以补偿其愿意承担因创业失败而无法获得报酬的风险。

这只是一个案例，以一种复杂的甚至有点主观的方式，核算创始团队成员不同的贡献。

弗兰克·德姆勒（Frank Demmler）在一篇名为“创始人股权分配计算器”的博客中提出了一个分配模型。[①]德姆勒认为应该考虑如下每个因素：

> **创意。**如果没有最初的创意，这家公司就不会存在。创意肯定是有价值的，但同时，“成功的企业是 1%的灵感，加上 99%的汗水”也是真理。

---

① https：//www.andrew.cmu.edu/user/fd0n/35 Founders' Pie Calculator.htm.

准备商业计划。构建最初的商业计划书（或商业模式画布）是一项困难且耗时的工作。汇集并组织创始团队的所有想法——填补空白、确认及调和分歧，生成能抓住业务本质的文件，以说服银行、投资人、董事会以及其他人来支持公司，所有经历过的人都证实这是一项浩大的工程。再次强调，商业计划是创立公司的必需要素，但执行这个计划才是真正的价值所在。

行业专长。你和你的合伙人在行业内有多丰富的经验？了解行业、拥有相关经验和人脉可以大大提高公司的成功概率，并加快其成长速度。否则，需要更长时间才能实现商业上的吸引力，而且你需要为这些资产支付代价，通常是通过招募人才，并付出股权作为报酬。

承诺和风险。你可能听过一句古话："对于一份火腿鸡蛋早餐，鸡只是参与一下，而猪却是全力奉献"。同样，全职加入公司、竭尽全力使其成功的创始人比起坐在场边的啦啦队更有价值。此外，加入公司而放弃其他职业的机会成本并非微不足道。

责任。谁会做什么工作？如果你明天开不出工资，谁还会熬夜工作？责任由谁承担？

制定股权分配计划的第一步，是分析每个因素的贡献；下一步是为每个因素分配权重，评估每位创始人在每个因素上的贡献，最后计算一下。这个结果（在弗兰克的文章中有更详细的解释）可以作为确定公平的股权分配的合理起点。一般情况下，你可以得到一个表格（见表5—1）。

德姆勒的模型表明，在创始团队成员之间切分权益并不是一个小任务，要花时间尽可能做得精确，并尽可能确保深刻且公开地沟通分配背后的理由。否则，你可能会在几个月或几年后付出代价——团队成员表示他从未满意股权分配的结果，并且一直深陷厌恶和愤怒的情绪。许多公司已经因这种冲突而土崩瓦解。

表 5—1　　创始人股权分配表范例

	创始人 1	创始人 2	创始人 3	创始人 4	
创意	70	21	21	0	
商业计划	6	16	2	0	
行业专长	30	20	30	20	
承诺和风险	0	49	0	0	
责任	0	36	0	0	
总分数	106	142	53	20	321
比例（%）	33.0	44.2	16.5	6.2	100.0

股权控制和创始人权利

很多公司的创始人强烈地希望能够在尽可能长的时间内控制公司——或至少保留足够大的股权份额，以便他们能够很大程度上控制公司（以及控制公司增长所产生的主要财务收益）。

遗憾的是，没有一种可行的方法能保证创始人在公司整个成长期都维持一个特定份额的股权。事实上，“股权比例”的概念可能是初创公司中最容易被误解的一个概念，因为创业者在提及“股权比例”时，他们事实上是在谈论别的事情。从技术上讲，除了作为一个简单的会计事实，这个概念本身没有意义，它与经济、控制、雇佣、价值等等无关……这意味着那些以一定比例的股权作为目标的创业者关注错了对象。

让我们抛开这个具体问题，看看通常与股权比例相混淆的两个主要问题。

控制

对公司的最终控制，包括战略方向选择、并购的决定、CEO的任命、CEO的薪酬——简而言之，一切事务——都由公司的董事会决定。不管创始人拥有多少股权，如果他控制公司董事会的多数席位，他将决定谁是CEO（包括他自己）。公司董事会成员的数量由公司文件确定，理论上每股普通股拥有董事会席位的一票投票权。

实际上，正如你将在后面的章节中看到的，每一轮投资都通过“股东协议”的途径来代替“一股一票”。该协议在投资交割时由所有重要股东签署，规定每个人都将根据商定的条款投票选举董事。

然而，在任何重大的投资轮次（不一定来自朋友和家人，但肯定是来自专业天使投资人或VC的种子轮或A轮投资）的投资人将毫无疑问有“负面控制条款”，以保护投资行为免受他们不能控制的董事会影响。这意味着——无论董事会做什么决定——有些事情需要投资人同意（所有投资人一起投票通过或董事会的投资人代表同意），也就是说投资人对以下事项拥有有效否决权：

- 出售、清算、解散或清盘公司
- 修改、变更或废除公司注册文件中的任何条款
- 增加任何权利、优先级或特权高于或等于当前投资者的股份类别
- 增加发行的股票数量

- 优先于投资人购买、赎回或支付股息
- 授权公司承担超过 X 美元的债务

在实际投资文件中，这些规定将会清晰阐明，所以没有回旋、博弈的余地。然而，在现实的初创公司中，这些保护性条款在公司发展艰难时，只要投资人愿意采取强硬态度，常常可以成为他们强有力的控制条款。例如，如果公司需要进行下一轮融资，但投资人希望公司能够调整其商业模式，他们可以简单地拒绝批准接受新的融资，直到董事会投票支持调整商业模式。

这就引出了股权比例背后的第二个大问题。

价值

要理解股权比例和经济价值之间的关系，很重要的是要接受一个简单的事实：价值 100 万美元的公司的 10%股权，比不上价值 1 亿美元的公司的 1%股权。如果你引入了一位世界顶尖的合作伙伴，或接受一笔投资并引入了资金和专业能力，有助于公司成长到这一水平，这笔交易是有利的，即使创始人的股权比例显著降低了。秘密在于降低比例后的股权价值实际上是一个更大的数字。

底线：不要担心初创公司的具体股权比例。相反，坐下来和联合创始人、律师、创业导师讨论什么是公司最重要的事情。赚钱？控制权？创始人/CEO/董事长的头衔？引入增值的合作伙伴？一旦你知道自己想要的是什么，便可以为了自己的利益理性而灵活地谈判，通常根据你的地位，保持灵活性。

6

推出最简可行产品并实施客户验证

至此，“精益”这个词已经频繁出现，你可能会不假思索地认为它没有特殊含义。实际上恰恰相反。这个词——及其代表的含义——已经扫荡了创业界，原因正是它从根本上非常有意义。“精益方法”最初用于描述丰田在 20 世纪 80 年代的创新制造实践，史蒂夫·布兰克开发后应用于初创公司，由埃里克·莱斯的畅销书[①]引发了后续一系列的热门关注。“精益方法”的核心理念可以归结为三个步骤组成的循环：

创建。

检验。

学习。

---

① Eric Ries，*The Lean Startup*，Crown Business，2011.

不是花费几个月或几年的时间思考、规划和构想一家公司（也就是“创业爱好者”所做的事情），精益创业方法的本质是行动起来，开始做事！基于最初构建的商业模式画布或精益商业计划书，你能依据一个可测试的假设，针对特定的市场，设计特定产品。你将得到一些真实用户的反馈（即使只是看起来像你的产品），检验现状，调整路线，再重回市场。经过几个周期，你会打造出完美匹配市场需求的产品……这时，就可以准备扩大规模了。

做市场验证

了解客户需求的最好方法之一，是通过精心设计的实验，来检验你的产品或服务的吸引力。正如我在第 1 章中讨论的，业务发展的精益方法，所依托的理念是利用实验测试商业创意，并以结果为导向快速且低成本地修改完善。

市场验证的步骤（由埃里克·莱斯定义）包括以下内容：

推出最简可行产品

验证的流程并不需一个冗长而艰苦的过程，将产品打造得尽善尽美，而是推出一个简单的、适合检验核心理念的基本产品。根据实际产品的属性不同，最简可行产品（MVP）的属性也将有所变化。它可能是一个原型——包含产品核心特征的简单版本，也可以是从网络上能够看到的产品视频演示，客户能够据此提供反馈（无论是感兴趣还是蔑视）。

另一个选择莱斯称之为“服务型 MVP”，这是一个定制版的产品，其制造和交付是不切实际的劳动密集型的。例如，莱斯讲述了一家名为“餐桌上的食物”（Food on the Table）的初创公司的故事，该公司使用软件算法，根据客户的偏好开发每周菜单和杂货购物计划，然后将它们对接给能够为客户提供商品的超市。为了检验这个理念，创业团队创建了一个需要公司员工手动执行所有步骤的服务版本。用这种方式服务大量客户是荒谬的，但服务型 MVP 验证只是测试客户是否需要该服务，并找出改进方法。一旦这些问题得到解决，团队就开始通过自动化的高科技工具来扩大产品规模。

验证价值假设

价值假设认为，客户会发现产品的吸引力、实用性和合意度——简而言之，有价值。验证的方法是将最简可行产品提供给挑选出的一组潜在客户，看看有多少人会购买。你可以通过任何可行渠道销售，但最好是公司在全面开展业务时将使用的渠道——在线分销、实体店零售、拜访 B2B 销售代表等等。

请记住，在这一点上，了解一下是否有人“愿意”购买，比他们“真的”付钱了更重要！这意味着，验证你的价值假设，甚至不需要真的拥有一个产品！许多精益创业公司采取的一种方法，是制作一个清晰精致的网络广告，把它和目标关键词放在一起进行付费的搜索引擎营销。点击广告会将客户引导至目标网页，你可以在该页面描述产品、提供插图和定价、添加“立即购买”按钮。此时（因为你还没有一个实际的产品），你可以要求购买者注册，以便收到产品面市的通知。

由于没有产生任何成本，你可以测试不同的营销信息、不同的价格和不同的价值主张。你可以使用简单的网页编辑器轻松创建自己的登录页面，也可以通过专业的网络服务来管理这个流程。

虽然有些人可能认为这是一种引诱客户的销售策略，但最好的情况只是给你一份潜在购买者的邮件列表，最坏也不过是花费了购买者一两分钟的时间。

验证增长假设

增长假设认为，一旦少数几个客户发现和使用了产品，他们的热情会通过口碑传播、推荐或网络病毒营销等方式传递给他人。测试该假设的方法，是将最简可行产品开放给更大的市场，看看有多少新客户会在一段时间——比如几个星期内购买。

观察客户究竟如何使用产品

市场实验过程中一个强有效的步骤，是看客户如何使用该产品。如何完成这个步骤，将取决于产品的特性，关键是要密切关注产品的使用情况，并做详细记录，特别是要注意任何令人意外或惊讶的情况。你可能会发现，某些客户完全没有注意到或从未使用过该产品的某些功能，这表明这些功能缺乏特色、产品说明不充分或根本没有吸引力。你还可能发现客户使用产品的方式是你从未想过的，这可能意味着你有机会开发新的应用甚至新的市场。

做客户调查是深入了解他们的态度、价值观、偏好和信念的一种方法，无论是面对面、电话还是网络调查。将调查的问题数量降至最低，以避免参与者消极应答；确保使用明确、易于理解的语言；避免本身有正确和错误答案的问题；合适的话，对于定性问题，提供一个简单的答案范围，以便参与者能够快速、准确回答。有许多网络工具可以让你使客户调查更容易实施和分析，创业者可以探索使用。

另一种验证最简可行产品好坏的方法，是通过同时采访 5 到 10 个客户的“焦点人群”研究，这是一次性收集一群人看法的一种便捷方式。这群人的讨论被记录下来，以便稍后研究参与者的建议和观察，经过培训的主持人（这可能很贵）让采访过程比较轻松。认真研究之后，你也可以尝试自己做主持人。实验结果可能很有趣，有时甚至非常有价值，但对他们的话不可尽信。焦点人群一贯被批评是鼓励集体思考，整个小组可能遵循一两个积极参与者的意见或特别的声音，而听不到更能反映广泛人群意见的独立判断。

焦点人群的讨论应该仔细规划，以专注于针对你的产品想要调查的关键问题。一般情况下，一个焦点人群讨论将持续一个半小时，有时研究人员和项目团队会从单向镜后面观察现场。

如今，焦点人群研究可以通过网络或社交媒体方式进行，这种方法比传统的面对面方法更经济。

迭代初始产品

无论如何，评估初始产品的开发或测试情况，你可能都希望以某种方式对产品进行优化，然后进行新的实验来验证新的假设。如果希望尽可能简单，这个过程可以快速实现——定义假设、开发最简可行产品、进行市场实验、分析结果，整个周期可能只需几个星期。这使得在必要时重复实验过程的做法在经济上是可行的，直至开发出能获得大量客户积极响应的产品。此时，你的公司就应该走向市场了。

在公司接下去的发展过程中，你有些时候会想要重新进入实验阶段——例如，当你想验证新开发的产品创意时，当现有产品的销售开始下降时，或者当一个可能带走一些客户的竞争对手进入市场时。客户和市场不断发展，所以对于明智的、可持续的商业模式来说，实验和学习是一个持续的过程，而不仅仅是一次性的活动。

除了用于创建和管理商业模式画布及精益商业计划书的网络工具，还有一些实用的网络工具可以帮助你管理精益的创业周期。[3]

大众的智慧

在过去几年里，基于回报的网络众筹网站获得了爆炸式发展，为生产实体产品的精益创业者提供了一个有力的工具。为最简可行产品做网络众筹，可以将验证假设的一整套测试结合到一起，包括产品、价值主张、病毒营销、种子轮投资，以及最简可行产品生产之前的其他所有事情。

在众筹页面上，你可以提供详细的产品说明和原型照片，针对不同的价位给予不同级别的奖励，并追踪支持者中有多少人将产品推荐给了朋友。你可以不承诺交付产品，除非你获得了足够的收益（和购买承诺!），使得产品的投产是经济可行的。

这种类型的众筹（不像我将在第 21 章讨论的股权融资），也是一种很好的方法去说服潜在投资人你的产品是有市场的。虽然大多数众筹活动不成功，但这可能是一个测试你的精益创意的好方法，避免了浪费时间和金钱去开发客户不愿意购买的产品。虽然即使成功的众筹（有超过 10 万次活动），通常也筹集不到 1 万美元，但越来越多的活动已经能够成功地筹集到六位、七位甚至八位数的资金。

当然，终极案例是 Oculus Rift，一款在 Kickstarter 上做过众筹的虚拟现实眼镜，它筹集了 250 万美元用于发展，并且被 Facebook 以 20 亿美元的价格收购。（这几乎肯定不会发生在你的产品上，但这样的案例确实在发生……）

7

通过网络创建品牌

正如你在前面几章所看到的，成立一家真正的公司之前，有很长的路要走。你可以构想商业模式、开始精益规划、研究竞争对手、与潜在的联合创始人组建团队、打造最简可行产品，以及跟踪客户反馈，如果你愿意，完成这些工作甚至可以足不出户。

但为什么要停滞于此呢？虽然你可能还没有成立公司（将在第二篇中讨论）或者还没有从客户那里获得收益，但最好能为你的创业公司建立身份。这样，当人们听到你正在做的新业务时，他们可以告诉身边的朋友："嘿，看看 X 项目，真的很酷!"那么，如何在没有成立公司的时候成为创业公司的 CEO 呢？严格意义上，对于你的创业公司而言，无论它是否是一个法律实体，有品牌身份意味着你身处于市场之中。员工会愿意为你工作，其他公司可能想与你合作，客户可能要来购买产品……如果真的很火，投资者甚至可能会找上门来。

软件领域的一个老笑话，说创业者创建一家新公司要做的第一件事是设计T恤衫。但事实上，这并不是一个笑话！不得不去麦迪逊大道的广告公司设计“企业形象”，并支付给唐·德雷柏(Don Draper)* 几十万美元设计 logo 的日子一去不复返了。取而代之的是，在网页上搜索“logo 设计”将迅速出现超过 2 000 万个搜索结果，其中 383 000 条提供“免费设计服务”。所以，要先选择一个漂亮的 logo[4]，给公司起个好名字，然后继续做别的。

是的， 你需要一个网站

由于互联网具有非凡的放大能力，许多规模化的高成长业务如今都是基于互联网开展；也就是说，这些业务只存在于互联网，通过网络技术实现，包括电子商务平台、在线游戏和娱乐、企业级 SaaS 解决方案等等。对于这些公司，网站即是产品，网站也是它们存在的根本。但是，现在越来越明显，即便是非网络公司，网站也是所有其他类型业务的基础。每个客户、供应商、潜在合作伙伴或潜在投资人一般都假设你的公司有网站，并且该网站能全天候满足感兴趣者的可能需求。

不同的网站，在范围和复杂程度上差别很大。但至少，应该有一个“关于我们”的页面描述公司，一个“联系我们”的页面以便人们联系你，一个“产品”的部分以便潜在的买家可以随时

---

* 一部描写上世纪 60 年代麦迪逊大道广告公司的电视剧《广告狂人》中的男主人公。——译者注

浏览你的产品和/或服务。如果你的目标在于高增长和规模化，将需要更多页面，包括即时客户服务、在线订购（或线下企业的预订）、账户管理等等。

在设计 logo 和 T 恤衫的同时，确保要启动和运行一个具备基本构架的网站。[5]

帮助人们找到你的网站

随着网站上线及正常运行，现在你需要让它能够被客户找到。一个容易实现的目标是，花几分钟时间确保主要的搜索引擎知道你的网站的存在。你可以手动提交你网站的 URL①，但使用多搜索引擎提交网站可能会更容易。通过此平台，你可以创建准确的描述、关键字和元数据，使你的网站可以被搜索到。然后，这些资料将自动被提交给各种不同的搜索引擎。

帮助人们找到你的公司

尽管搜索引擎通常说来非常有用，水平式搜索可以帮助人们了解你提供的产品和服务，但它们不一定是寻找你公司信息的最佳工具。由于搜索公司信息的人通常是你的战略合作伙伴、求职者或潜在投资人，你可能希望在这些人常用的重要目录网站上创

---

① https：//www. google. com/webmasters/tools/submit-url；http：//www. bing. com/toolbox/submit-site-url.

建公司资料。这些目录网站中，一些是威客网站（即协作数据网站），任何人都可以输入信息，另有一些网站做信息搜索及展示，还有其他一些网站可以供你（而且只有你）编辑和更新公开资料。[6]

如果投资人浏览、搜索或通过共同的朋友推荐看到了你的资料，在查看公共页面后很感兴趣，还想要了解更多的信息，他所需要做的，就是点击网页上的一个按钮，然后你将被告知他们的兴趣，并有机会立即回应。

请注意，通常下一步是向计划参与投资的投资人分享公司的全盘计划、路演资料、财务报表和其他机密资料，这些都是公司要提交给任何你有兴趣与之探讨的参与者的，是那种你会作为私人资料上传的数据……但由于这是融资的情景，等我们学到第 21 章时，再回头来学习如何引入一位热门的投资人。

8

在创业生态里构建有效的关系网络

抚养一个孩子可能需要倾全村之力，但每个创业者都知道，成立一家初创公司可能是地球上最艰难和最孤独的挑战之一。正如塔拉·亨特（Tara Hunt）在她的经典演讲《你是真的想创业吗?》中所言[①]：

- 创业是困难的。
- 创业真的非常困难。
- 创业令人心碎。
- 创业摧毁灵魂。
- 创业让人短命。
- 事实：你可能每周好几个晚上都大汗淋漓地惊醒，意识到

① www. slideshare. net/missrogue/so-you-want-to-do-a-startup-eh.

自己的创业完全搞砸了。

■ 那么我们为什么还要这样做?

■（因为）我无法想象自己去做任何其他事情。创业令人痴迷，有害健康但必要且美妙。

正因为创业是如此的个性化和孤独，你必须毅然承担起拓展业务、建立关系网络的责任。虽然有不少创业公司的创始人感到孤独，但实际上我们被一个更大的创业生态圈包围着。

创业生态圈由创业者、公司、相关组织、场所、活动和政府机构等组成，支持特定地区的高增长创业公司。

这个创业生态圈包括创业公司本身（及其创始人、员工和业务伙伴）、天使投资人和VC投资人、创业孵化器、联合办公空间和创业加速器，以及商业计划大赛、大学、教育机构、博客作者、社区团体、创业聚会及其他将它们汇集在一起的支持组织，还包括相关的专业服务提供者（律师事务所、会计师、投资银行家等）和作为客户、合作伙伴以及最终收购方（多数情况下）的大企业。

在政府方面包括经济发展机构、劳动和就业部门、区域技术中心、创业援助项目和商业资源中心，还包括政府援助计划和政府资助的风险投资基金、政府税收和融资激励计划、针对小型企业的政府采购计划，以及大量技术和创业相关的工作技能、培训及教育项目。

虽然这些“其他”的生态圈组织本身并不能保证你的公司创业成功，但我发现，最成功的创业者都擅长利用周围资源的支持。

全球主要的技术和创业中心都有非常多支持创业的方式，如在硅谷、纽约、波士顿和伦敦，你能用全部100%的时间交流创业的事情，哪怕公司还没有正式启动。即使在偏远地区最小的城镇，你也可能会找到志趣相投的伙伴，可以在你的创业旅程中提供支持和鼓励。

以下是一些你应该开发利用的资源：

创业聚会（Meetups）

2001年，在互联网泡沫破灭后不久，纽约创业者斯科特·埃费尔曼（Scott Heiferman）和马特·米克（Matt Meeker）建立了一家不寻常的网站：说服人们关闭电脑，到线下聚会。Meetup网站就这样诞生了。到今天，有超过1 500万人使用这个网站创建了150 000个组织，每月组织近50万场线下聚会。成千上万的聚会直接与新的创业、创业者和创新公司相关。在大多数情况下，Meetup的聚会包括一家或几家本地创业公司有趣的产品或服务演示（通常是第一次公开展示）。

我们在纽约的组织是“纽约技术聚会”（NY Tech Meetup），现在有超过50 000名会员（是Meetup平台上最大的单一组织）。当然，一次讲座的会场容纳不下所有的会员，因此每月抢800张便宜的门票是一件很困难的事情。在两个小时的聚会期间，十几家公司会展示它们的新产品，展示之后的“会后交流”也是个好机会，不仅能见到演讲者，还有参会的许多其他很酷的创业公司。定期参加当地的科技/创业聚会，是发现志趣相投的创业伙伴（包括潜在的合伙人和团队成员）并将自己融入当地创业生态圈的好方法。你可以在www.Meetup.com上找到所有创业聚会的日程安排。

商业计划竞赛

随着创业成为主流，大多数商学院和许多大学已将商业计划大赛纳入到其学术课程和课外活动中。过去，这些只是字面上的意思：学生们从理论上展示创业公司发展计划的活动。然而近年来，它们发展成了已经启动甚至已经产生收入的真实创业公司做演示的活动。在很多情况下，大赛的组织将其作为一个旨在帮助和教育创业者的更大计划的核心部分。例如，在纽约大学的斯特恩商学院，伯克利创新实验室（W. R. Berkeley Innovation Lab）运行了一个为期 8 个月的计划，从团队建设开始，初创公司可以通过多个阶段的演示练习，匹配 100 多位外部导师，最后的比赛给优胜者提供数十万美元的奖金。（如果你觉得这听起来很酷，想想每年在纽约州布法罗举办的 43North 大赛，奖金高达 500 万美元！）

创业公司交流会和发布会

商业计划比赛的“老大哥”是主流的行业活动，创业公司可申请参会，被推荐给投资人、媒体和潜在的企业合作伙伴。其中一些活动是专门针对新公司的推荐，观众会观看所有的演示；其他的一般行业会议，则把初创公司比赛或发布环节作为整体安排的一部分。[7]在公司展示或比赛的同时，其他成千上万的创业公司、创业者、投资人和业内人士会前来观看和交流。

为新生的、令人振奋的创业公司提供展示机会的其他活动，也能带给我们第一手信息，让我们了解这个生态圈正在发生的事情。[8]另外，从金融服务到清洁技术领域，从出版业到时尚业，从教育行业到企业软件领域，每个行业分支都有专业会议。

加速器和演示日

最近创业生态圈新出现的一个有趣现象是加速器的兴起，加速器通常提供公共办公空间、创业导师、密集的创业群体支持、定期演示、来自行业专家和投资的参观等等，以及在与加速器三个月合作期间用于支持团队开支的数万美元的津贴。近年来，加速器呈爆炸式增长，大多数是模仿保罗·格雷厄姆（Paul Graham）成功在硅谷创办的 Y Combinator。由 Techstars、Wayra、Dreamit 创投、LaunchPad、创始人学院（Founder Institute）等投资人联盟提供的加速器，在提高创业公司水准方面做出了惊人的贡献。能入选为期三个月的计划的初创公司是精心挑选出来的，他们一般喜欢选择处于发展期的最早阶段的初创团队。

对于首次创业的优秀创业者，想参加一家顶尖的加速器的加速计划，是一件非常困难的事情。这里的关键词是“顶尖的”，数百家（也有人认为是数千家）所谓的加速器在世界各地爆发，然而许多纯粹是浪费时间。所以，你在申请之前一定要做足功课！

尽管顶尖加速器的精挑细选，意味着他们只接受一小部分（5%～10%）申请人加入加速计划，但即便没有通过，你也可以有其他方式从中获益。一些加速器有邀请公众参加的开放活动，这是与其他创业者建立人脉关系的绝佳方式。几乎每个加速计划结束时都有演示日，会邀请当地的天使投资人和 VC 投资人，有时也会向公众开放。这有点像初入圈子的派对，完成加速计划的初创公司在台上的演示，通常是非常精致的产品，可以作为你自己做融资演示时的标杆。

天使投资俱乐部

虽然天使投资俱乐部的会员通常仅限于投资人的圈子，但这些天使投资俱乐部通常也可以成为创业者的有用资源。天使投资人基于很多原因投资创业公司（当然，其中最主要的原因是赚钱），但他们在帮助创业者的过程中，确实得到了极大满足。因此，许多天使投资俱乐部开发了培训项目、演示活动和交流会，旨在帮助创业者节约时间、少走弯路。所以，一定要看看当地的天使投资俱乐部的网站能提供什么。

创业者的伙伴计划

虽然创业聚会和活动是了解业界其他创业者的好方法，但它们是相对非正式的，并且几乎不需要长期付出。另有一些正式的、有组织的类似机构[9]，你需要与一小群创业者同行一起工作很长一段时间。

加入创业生态圈，至少可以极大地拓展你的职业生涯，能提供你可能从未有机会接触的机会。正因为它是如此丰富多彩，可能会把你的注意力从业务本身吸引走，但专注于业务，必须始终是你的首要任务。

第二篇
创立公司

9

创立公司

正如我们在第一篇所看到的，在公司真正创立之前，你可以做许多事情（可能也是应该做的），包括给公司命名、开发网站、编写产品原型代码、进行市场调研、在Gust或其他平台上展示公司简介，以方便投资人和潜在合作伙伴查看等。你甚至可以把联合创始人拉在一起，并通过创始人协议确立基本的合作关系，比如谁将获得多少股权等。所以，如果你能把这一切都做了，为什么不继续做下去呢？

答案是，虽然你可以合法地继续做下去，但这时的“初创公司”将被视为一个自然人。

■ 你个人将承担公司所有债务和损失，如果公司破产，债权人将会盯上你的个人财产，包括你的家产。

■ 如同你不能分割一个人，你也不能分割一家公司。你自己既不能有投资人或合伙人，也不能给任何员工提供期权。

■ 作为一个非实体，你的公司还有很多事情无法做，从给你的车申请商用牌照，到制定 401（k）计划*。

要将创业公司作为一个独立的实体（不仅仅是“你”个人），有几种不同的形式。对像你这样的高成长性的公司（否则你不会读这本书），虽然通常只有其中一种有效，但如果我连其他几种形式是什么都没讲，我会被创业类畅销书作家们谴责的。因此，创业公司的实体形式有：

个人独资企业。企业作为实体独立存在，但是你个人对一切事情负责，从债务到税收。

普通合伙企业。类似于个人独资企业，但由几个人分担所有权和责任。

有限责任公司（LLC）。有限责任的独立实体，但不能简单分割或出售所有权，也不能给员工或顾问提供期权。

S 类股份公司。拥有独立法律生命、承担有限责任并拥有股票，但全部股权由你持有，不承担公司所得税。实际上，如果公司亏损，并且没有外部投资人，而你还有其他收入需要避税的时候，这类公司对你而言就可以是一件好事。S 类股份公司提交一张表格也可以很容易变成 C 类公司。

C 类股份公司。赞！公司承担有限责任，股权可分割，初创公司还有什么更多要求呢？

B 类公司。这是 C 类股份公司的一种变体，是专为提供公共福利、创造社会效益的企业设计的。目前，B 类公司的概念主要

---

* 401（k）计划是一项退休计划，它允许雇员将钱存起来进行投资，为以后的退休做储备。——译者注

是一种营销策略，所以建议你不要采用。如果你最终觉得有必要成立一家 B 类公司，切换是很简单的。

在决定是否规范业务结构，以及何时设立公司之前，需要考虑的一个因素是你的融资情况。虽然你需要先设立一个企业实体，才能接受投资人的现金或向员工发放股票期权，但对投资人来说，创业公司在这个阶段具体的企业运营状态，比它的公司身份更重要。如果你仅有一个好创意，不太可能获得投资，即使你是一家持有高度可靠的股票证明的正式公司。

但是，如果你的产品具有市场吸引力（比如每月有 100 万独立访客且付费客户转化率快速增长），你会发现投资人纷至沓来，即使公司简陋得如同你一个人在海滩的小屋里唱独角戏。因此，我不建议你把"向风险投资人做融资演示"作为组建公司的理由。当且仅当你获得真正的投资意向，适当的企业结构才成为融资的先决条件。

你什么时候应该前进一步并创立公司呢？我建议，这个关键的时刻应当是以下事项之一首次发生时：

- 一位合伙人
- 一位员工
- 一位投资人
- 一位客户
- 一笔资助
- 需要银行账户
- 知识产权（包括商标或计算机代码）
- 潜在债务
- 资产

设立股份公司的好处

正式设立的股份公司具有两个重要基本属性：首先是责任有限，简单地说，这意味着一旦公司成立，它在法律上是一个独立的实体，能做一个自然人可以做的大多数事情。它可以拥有财产、采购和销售、创造利润、缔结合同等等。但是，因为“公司”和“公司的实际所有权人”不一样，如果公司最终破产（遗憾的是超过半数的创业公司会破产），公司的所有权人对公司债务没有法律上的责任。实际上，要“有限”承担“责任”的——偿还公司债务的要求——是公司本身而不是公司的所有权人。

其次是它的所有权被分成“股份”，这意味着任何公司的“所有权人”都可以是无限的。例如，埃克森美孚公司有大约 250 万名不同的所有权人。

相比之下，当一位创始人刚创立一家公司时，他拥有公司100％的股权和完全的控制权，没有人可以拿走。除非创始人认为，比拥有 100％的所有权和控制权更重要的是需要一位能分享创业历程的合作伙伴，或者一位给公司开发产品的员工，或者一位投资帮助公司成长和发展的投资人。这时，创始人会寻找合伙人或员工或投资人（或三者兼有），并与他们协商参与的条件。根据谈判内容，合伙人可能会、也可能不会放弃对公司的部分或全部所有权或控制权。这一切都取决于创始人……当然，也要看市场情况。

上述事项将导致公司的部分所有权转移，这就是公司需要设立成股份公司并发行股票的原因。

给公司起名

作为公司设立过程的一部分，你需要决定新公司的名字。虽然让想象力自由驰骋难能可贵，但是在决定给公司赋予一个长久使用的名字之前，明智的创始人会慎重思忖。

实用方面

选择名字时有两个最重要的原则，一是选择没有被其他人使用的名称，二是可以直接作为公司网址！在确定公司名称之前，请到专利商标主管部门检查其可用性。

你可能想让公司的名字容易拼写和发音、简短、尽可能独特、有双关含义（比较一下 Apple、eBay、Amazon 与 IBM 的差别），同时，不会导致语言和文化等方面的其他问题。

如果名字中可以传达一个关键的差异化特色，将会很有吸引力。比如：PizzaFast 或 EasyForm。但这个策略也有缺点。

原因之一是，由于业务快速变化的本质，当前的竞争优势很可能成为明天的劣势……或至少不再合乎时宜。

想想对于一个开发社交共享购物袋/购物车的购物网站，叫 Tote. com 多好。很酷，对吧？但是，当这种商业模式运行得不好导致公司转向社交共享图片业务时，会发生什么？叫“Pinterest. com”会不会更好一点？（这就是 Tote 在获得纽约天使联盟投资之后，业务调整后所变更的名字。）

同样，“stickybits. com”是 QR 代码标记网站的理想选择，但是一旦它成为音乐播放网站，效果就不如“turntable. fm”。另一个例子是“FundingUniverse. com”的业务从股权转向债权时更名为“Lendio. com”。

当然，你可以挑战一下，提前想清楚你要转变和扩展的业务线。但是，客户最终可能很想弄明白为什么一个 DVD 邮购租赁公司叫作“Netflix. com”。

拥有字面含义的名字存在的另一个问题是，你可能无法为纯粹描述性的名称注册商标。所以，虽然 CheapCars. com 实际上可能是可用的，但你可能无法保护品牌不被也想使用这个名字的其他人所用。

痛苦的经历让许多业内人士认识到，普普通通、含糊不清的名称可能更管用，让你的天才营销人员给简单而朗朗上口的网址增添含义即可。

这就是为什么不把二手商品交易网站命名为“pezheads. com”，而是“eBay. com”。或者，不把在线折扣书商叫作“cheapbooks. com”，更好的选择可能是更灵活的“Amazon. com”。（对不起，这两个名字已经被用过了。）

法律方面

一般来说，公司注册与商标注册不同。注册公司名称只意味着其他人不能在同一辖区注册相同的名称。在美国，由于公司注册是州一级的，我在特拉华州注册一家名为 NewCo 的公司，意味着在这个州其他公司不能再叫这个名字，但是，你可以在马里兰州注册同样名为 NewCo 的公司。

然而，商标是联邦一级的，因此与公司的名称是有区别的

（如果可以的话，公司名称和商标可以相同，但不是必需的）。

遗憾的是，商标不是跨国的，所以即便你在自己的国家能够使用“NewCo”商标，也不能阻止有人在其他国家使用同一个商标。除非你不怕麻烦，不惜花钱，在其他国家也注册这个商标，大公司就是这样做的。（我敢肯定，麦当劳、星巴克、苹果和谷歌已经在全球每个国家都注册了它们的商标。）

设立一家公司似乎并不棘手（确实如此），但之后带领创业公司一路向前，走向“毁灭”的道路才是真正的工作。在下一章中，我们将讨论为什么你需要一名律师，以及律师将为你做些什么。

10

正确使用律师

公司创始人常常会思考律师对创业公司的贡献有多大，甚至认为他们根本不需要律师。然而，对于创业公司来说，最显著也重要的一点是，律师具备所有与创业相关的法律知识，包括创建公司、融资和经营。但这并没有提高律师的重要性。

商业世界里存在着数不胜数的法律问题，一旦你开始募集资金或融资，你将面临更多法律问题。我见过不少初创公司在创业之初节省法律费用，最后收获了一个沉痛的教训，忽略的工作还得从头再来，有的时候甚至危及公司的生存。有一名好的律师作为支持的后盾，给你带来的安稳感是极其有益的，在这一点上，请相信我。

除了这些最基本且重要的功能，以下是律师事务所可以给创业公司提供的其他几项价值：

■ **设立/组织的法律文件与管理。**这种专业性的法律功能至关重要，包含了一系列关乎公司未来发展的决策点。注册一家公司是轻而易举的事情，但是，事实上在此之后的事情，才会给你带来重重困难。

■ **合法性与信用度。**这可能不像律师事务所声称的那么重要，但也有些道理。因为大部分为初创公司提供服务的律师事务所，潜在客户数量超过了他们的处理负荷，以至于这些律所对于合作对象非常挑剔。基于这样的现状，聘请顶级的创业服务律所提供法律服务，不仅能带给投资人信心，也能让其他外部人士相信你是合乎法规、值得合作的。

■ **人脉关系。**优秀的创业服务律师的大部分工作时间，是与交易的双方沟通，因而能为投资人、顾问或者行业的其他公司提供建议（如有必要，也可以提供介绍）。

■ **法律顾问。**我们常把律师称为企业“顾问”，事实上他们并不是为公司提供建议的主要群体（也不应该是）。但是通常，来自聪明人的任何建议，总好过没有建议，有时，公司也没有其他人可以求助。

■ **对于市场情况的了解。**因为谈判和起草文件是创业服务律师的工作（俗称“文案工作”），他们通常在融资协议条款上，比创业者具备更多的市场信息，比如估值、保护性条款等。假如你的律师是一名聪明、活跃且经验丰富的交易高手，在条款谈判时相信他的建议。（但请注意前提假设，经验不足的律师毁掉一笔交易的速度快过子弹。）

归根结底，律师是创业过程中至关重要的一部分。一名好的律师，通常对得起你付给他的报酬。

创业公司如何选择法律代理人

法律代理人是不可相互替换的，就像医生一样。医生可分为儿科医生、病理学家、老年医学专家和营养学家，律师也术业有专攻。甚至在公司法领域，也有细分的专家，在理想世界中，你能找到精通证券法的律师（处理股票买卖的事务）。最优情况下，你应该尽力找到（期待）一位“创业公司专职律师”。

根据以往经验，我将专门为创业公司服务的律师群体分为三类，只要你与他们建立合适的委托人/顾问关系，任何一类都能为你提供服务。

第一类是主要专注于企业、创业以及初创公司业务的全国性和区域性律师事务所。这类事务所基本上拥有数百名律师，在大部分商业发达的州都设立了办公室（如纽约州、加利福尼亚州、得克萨斯州、伊利诺伊州等），为不同规模的公司提供公司经营与融资相关的全方位服务。

第二类同样是数百家全国性或区域性的律师事务所，但它们本身并不专门服务创业公司和初创公司，只是有一两位合伙人定期处理新公司和融资方面的业务。

第三类是新近出现的一类律所，由独立的律师组成（通常以前在大律所从事创业公司业务），他们有的独立执业，有的联合起来成立精品小律所，专门为初创公司提供服务，服务范围通常集中于某个城市或区域。

每类律师事务所都有各自的利弊（比如，大律所的费用不菲，只有一位律师的小律所的服务深度难以满足你全部的业务需求），但这些都远不如他们的核心的共同属性重要：他们都是在初创公司业务上拥有丰富经验的律师！

对初创公司比较友好的大型律师事务所，通常拥有针对初创公司的业务模式。对于规模更小或是不完全专注于初创公司业务的律师事务所，创业者需要谨慎合作。这些事务所应当具备专门服务初创公司或者小型公司的业务模式，而不是随意让从事诉讼业务或服务大型企业的律师来涉足初创公司的领域。

此外，除了专业的法律技能之外，有些初创公司业务律师对特定的行业有偏好，并掌握了相关知识，比如生物技术、金融、消费互联网、时尚以及建筑等。

在寻找创业公司法律代理人时，我选择的第三个标准是他是交易撮合者，而不是交易破坏者（第一个标准是诚信，第二个标准是专业技能和创业法律方面的经验）。我曾给数家初创公司从几十位投资人那里完成融资，并且自己投资超过 100 家创业公司，作为参与者我可以告诉你眼睁睁看着那些热情过度、经验不足的律师把交易搞砸的心痛感受。

从一轮融资的协议，到战略合同，如果你正在谈判这些，你会希望绝对确信你的顾问明白你想要达成交易的意图，他的职责是帮助你达成所愿（当然是在保护你利益的前提下）。但通常，我看到法律代理人偏离了他们的职责，对交易条件吹毛求疵，要求过度，重新草拟文件，或是提出一个没有必要的需求……最后导致交易失败。对我们其他人不太理解的一些吹毛求疵的细节，律师天生就非常焦虑。有时他们也不能理解，商业法中的部分规定是约定俗成的，只是传统而没有什么理由。你的律师理应有相应的眼界与经验，明白什么才是重要的，又是什么在推动你与投资人的沟通，以及是什么在促成交易的达成。

诚信、业务能力、达成交易的能力，这些是优秀的创业公司律师所具备的综合素质，从而使他们有别于普通的好律师。

在选择法律顾问时，你应该根据他的专业能力、预期双方工作关系的质量、对方的报价等做出决定。比起每小时的费用，更重要的是他们的工作效率，以及他们是否能给约定的服务承诺一个底价。确定之后，你需要签署一份委托书，上面罗列了他们的专业职责、你的支付义务等相关事项。如果双方没有异议，在你决定之后，委托书将正式生效，他们接纳你作为委托人。

创业公司需要律师的主要法律事项

好了，现在公司已正式注册成立了，在三方面你需要持续的法律帮助。鉴于不同的律师擅长于各自独立的专业领域，你很可能需要跟三位不同的律师打交道，理想情况下，他们应该属于同一家律师事务所，由你的首席法律代理人协调。

你的公司法/商法和证券律师

公司创立后的法律体系建设。你在特拉华州注册设立 C 类股份公司仅仅是创造了一个实体，现在开始的才是实际的工作。你的创业公司律师会与你一起跟进下列事项，这些是你的公司启动运营所需要的：

- 特拉华州的公司注册文件（在你登记之前需要）
- SS-4 表格（申请联邦雇主税号）
- 外州公司注册（外州代表你所在的州）

■ 当地业务注册，以及任何适用的执照或许可文件

■ 代理人证明书

■ 公司章程

■ 董事会组织架构

■ 无偿股权授予方案及该事项的董事会授权：通知的结构、股份认购协议、股东协议或基于股份认购的同等协议条款、配偶同意书、83（b）登记文件

■ 董事会授权的雇佣协议书

■ 创始人和初始出资人的贷款及其他金融类与非金融类的投入记录

■ 409A 估值审查

■ 顾问协议

■ 董事协议

■ 补偿协议

■ 融资协议，包括可转换票据（票据及票据认购协议）和股权融资（股票认购、投资人权利、投票权、优先认购权及共售权协议，修订条款，各种证明，计划表和披露文件）

■ 各种持续的政府报告、登记

■ 期权文件：股票计划、授予通知/协议、行权通知/协议［到期行权与提前行权，包括 83（b）文件］，内置或单独的股东协议，配偶同意书，股票计划的监管登记（如有）

■ 所有上述事项在当前董事会、股东会的批准文件

■ 适用于业务的各种条款、销售协议、保密政策、用户协议

■ 业务或行业所独有的特殊协议

■ 战略合伙协议、开发协议、供应商协议等

■ 各类董事会及股东活动，会议记录

你的雇佣律师

所有与招聘、雇佣、解雇及员工管理相关的文件。

■ 雇佣协议（知识产权协议和工作职责协议）

■ 离职协议

■ 针对特殊个案的建议，包括雇佣协议、有争议的离职与可能的法律诉讼、创始人加入及退出，以及独立外包商问题

■ 人力资源表格（反骚扰政策、员工手册等）

你的知识产权（IP）律师

所有与信息、知识和无形资产相关的事务。

■ 承包协议（当前的、基于时间的、特殊用途的）

■ 保密协议

■ 知识产权许可协议

■ 专利

■ 版权/商标；对公司、网站、应用、产品或服务的名字以及同名纠纷的建议

■ 商业秘密

你的业务运营中所产生和管控的任何信息或数据，都属于公司知识产权的一部分，这意味着这些信息和数据都需要被保护与管理。客户名单、供应商合同、软件代码、未来产品计划等，这些与其他形式的信息都可以归为知识产品，拥有确定的金融价值，你的律师可以帮你进行保护。

获得专利的过程，专业上称为“专利申请”，其成本取决于你

是否只打算预先抢占临时申请的位置（花费约为 2 500～5 000 美元），还是想申请完整的专利，后者基本的确定成本为几万美元（如果操作正确的话）。

有些创业者会扩大专利短期实用价值的概念，仅仅拥有一项专利（更不要说申请一项专利了），本身并不能建立起保护措施，去防止竞争对手复制你的产品或服务。有很多现实的原因导致这样的结果。

首先，专利申请是一个漫长的过程，通常需要数年（5～10 年）。在专利生效之前（假设它真的生效了，实际上非常多的申请被拒绝了），你没有任何保护手段。就算专利生效了，如果有人直接侵犯了你的专利，而你想尽一切办法对他提出法律的挑战，法律费用可能高达 100 万美元或更多。

所以，仅仅把专利归档在短期内不会明显影响其他人与你竞争的决策。但是，这并不代表专利毫无价值，或者你无须花费精力为你和你的员工所创造的真正新颖的发明申请专利保护。你理应申请专利，并积极地做好捍卫专利的准备。这样可以向投资人和同行提供证据，尤其是在生物科技类的领域，专利是成长型公司理所当然要掌握的。但这并非意味着拥有一项专利，你就自动地、不可置疑地拥有你的创意所产生的所有经济价值。

制定法律费用的预算

创业公司的法律费用包括一次性的、持续性的、必需的和可选的费用。关于费用的预期可以参考下面的粗略指导，由高端的个人律师或小型律所开出的收费费率决定。主要市场中的顶级律师事务所在每项细分服务上的费用会翻倍，在便宜一些的市场中，规模较小的第二梯队律师事务所，费用会比这些数字多 30%～50%。

公司设立：2 500～5 000 美元。这项工作涵盖了所有合法设立一家公司所需要做的所有事情，包括向州政府备案登记注册证明文件、起草公司章程、制定股票期权方案、起草招募员工及外包商的法律文件，以及前文列举的其他事项。有些情况下，尤其是对于知名的连续创业者创立的公司，或经过加速器孵化的公司，律师事务所可能同意你延迟支付费用，直到公司的第一轮融资完成（虽然你最终依然要付费）。

种子轮前的咨询/常规服务：5 000 美元。从公司设立，直到获得第一位真正的投资人的一笔相当数量的资金，你很有可能会定期向律师询问建议——起草外包商协议、雇佣协议、申请商标等问题。在美国，稍微好一点的律师咨询费平均为 500 美元/小时，而你在获得投资之前，大约需要 10 小时的法律服务。

种子轮可转换票据文件：2 500～5 000 美元。一旦你吸引到第一笔资金的注意（可能来自朋友或者家人，或是本地的天使投资人，甚至有可能是加速孵化器），投资的协议条款必须是谈判确认的。最简便、成本最低的方式是采用所谓的可转换债券，但即便如此，起草和谈判这些文件起码要花去律师 5～10 小时的时间。

种子轮优先股文件：7 500～15 000 美元。假如你利用初始投资人的资金在市场上获得了吸引力，激起了规模更大的投资人的兴趣，下一步则是很重要的一轮融资（约 50 万～200 万美元之间），来自种子期 VC 基金、天使俱乐部，或者是一群专业的天使投资人。由于这些都是专业的投资人士，他们会要求以可转换优先股的形式投资，尽管是简易化的协议版本，但你的律师需要花费大约 10～20 小时的时间。

投资人的种子轮咨询：2 500～7 500 美元。糟糕的是，不但你需要付费给律师帮你完成这轮融资，你还需要给投资人的律师付费，这几乎使你的法律费翻倍。天啦！（但是，或许你能与投资人商量设置费用的上限。）

种子轮后咨询费/常规服务：1 000～2 000 美元/月。能力越大，责任越重。投资人投出数百万美元的资金之后，他们必须确保在你的管理下的所有事情都有序、合法地进行。不论召开董事会、做会议记录，还是回答关于商标或是专利的问题，或者处理劳工法的问题，你每个月都需要 2～4 小时与律师交流……当然，这一切都是要付费的。

A 轮融资文件：15 000～30 000 美元。种子轮融资之后，如果一切顺利，你将准备进入更大的资本领域，这意味着一家风险投资机构通常会给你投资 300 万～500 万美元，甚至更多。过程与前一轮融资几乎一样，唯一不同的是你需要使用由风险投资协会（NVCA）提供的完整版法律文件。这会比之前使用的简易版本复杂许多，因此需要更多的工作、更多的审核和更多的时间，同时投资人的律师也需要付出同样的时间。与一位投资人的标准交易和与多位投资人的复杂交易，这两者之间的差别，就是此时涉及面广泛的体现。

A 轮后的咨询：5 000～10 000 美元/月。随着业务越来越复杂化，用户和投资人增多，以及其他事务的增多，你定期咨询律师的需求也会不断增加。

兼并与收购：50 000～150 000 美元。终于某天，你达到了出类拔萃的高度，大公司向你伸出了收购的橄榄枝。鉴于这是公司作为独立实体存在的终点（同样对所有投资人），许多审查的工作和细枝末节的事情需要你去考虑，在走向终点的路上，还有律师不少的用武之地。我给出的数字的区间很大，根据实际情况的不同，这个数字可能会略低一些，也可能超出很多。

何时及如何更换律师事务所

有些时候，你可能对你的律师事务所的服务不满意，事实上，经验不足的事务所往往在尝试两三位律师之后才会找到与你契合的。在此之前，脑子里不要总想着“开除”你的律师事务所。这种处理方式只在律师事务所渎职或者是能力严重不足的情况下才适合使用。相反，把它看作是“更换律师事务所”，是商业世界里的一种普通事务。

在走到那一步之前，如果你不满于律师的服务，与当事律师谈谈，或者跟律所里负责你业务的合伙人交流（如果是不同的人的话）。告诉他们你的问题，不论是关于反馈情况、交流的开放度、工作的质量、费用问题还是交付预期——这些都是最普遍的问题。询问他们对此能提供什么帮助，这是他们的职责。如果他们不予帮助，或是解决方案毫无效果，或者单纯就是公司的成长超过了他们的服务能力，又或是你找到了更高效的律师事务所，更换律所都是合理的。好的律师都会防范那些因提出不现实预期，或不愿意支付账单而更换律所的客户，但初创公司在创业过程中因为恰当的原因更换一两次律师事务所，这是相当合理也是正常的事情。

考虑一下到目前为止，律师事务所为你做了什么，到底出了什么问题。你们的合作协议是什么样的？是口头的还是文字的？

你可能签署了一份委托书，那么拿出来重新读一遍。里面都写了什么？最后，我建议你与你想签约的律师沟通一下，讨论如下两个事项：（1）他们将为你做什么安排？（2）他们建议如何更换律师事务所？这种事情不断在发生，把你公司相关的文件从一家律师事务所转移给另一家律师事务所，操作上有标准流程。记住，你的任何文件和工作成果都是你的，律师事务所只能复制，但是没有权利不归还，即便你还没有支付给他们费用。

11

招募董事与顾问

公司一旦成立，则需按照法律的要求设立董事会。正式的职责是代表股东——你和其他公司其他所有权人——的权力和表达股东的意见。但董事会还应该承担一些其他的职责，可以助力和维持公司的发展以及长期成功。

了解董事会的构成

从严格意义上来说，公司的董事会是由公司的股东投票选出的，因此在创业公司接受外部资金之前，通常由创始人“选举”产生，并由创始人组成（对于只有一或两位创始人的小公司来说，“董事会”只是名义上的存在）。

公司接受了初始的种子、天使或是风险投资的资金之后，就会增加创始人之外的其他所有权人。决定谁能做什么样的决策，这是有具体的规则的，因为尽管“所有权”本质上暗含了“控制权”，但依然可以把这两者分开。创业公司一旦注册成立，公司的所有权就被分割为数以百万份普通股，最基本的概念是每一股股票都拥有一票投票权。

所有股东集体投票，选出董事会来代表他们管理公司。董事会聘请一名首席执行官（CEO）来负责公司的日常运营，首席执行官雇佣（直接或通过下属）和管控公司的其他所有员工。

棘手的事情是，要把公司所有的股东集合起来，让他们自愿同意签署一份股东协议，表明他们同意以某种方式进行投票。因此，对于一家已经获得天使投资或风险投资的创业公司而言，假设投资人总共持有20%的股权，股东协议约定公司的董事会由三位董事组成，不论每个人持有多少股票，都要同意投票选出董事，以确保一名董事由创始人提名，一名董事由投资人提名，剩下的一名董事是大家都同意的“外部”人员。这种情况下，即使创始人仍然持有公司80%的股票，投资人在参与决策的时候也能享有同等的发言权。

对于一家规模稍大的创业公司，也许在一两轮融资之后，董事会可能会扩大为5个席位，其中两位董事由普通股股东选出（创始人）、两位董事由投资人选派（比如，风险投资基金的董事或最重要的天使投资人），以及一位全体认可的独立董事。

此时，如果公司的CEO并非公司的创始人，这个职务可能获得董事会的席位（占用一位创始人的名额）。如果只有一位主要的投资人，那么他们可能会选一位行业专家来填补他们空缺的名额。

最典型的情况，是创始人占据普通席位；领投的天使投资人

（对于获得天使投资的公司）或风险投资合伙人和（或）投资经理（对于风险投资领投的公司）占据投资人席位；独立董事的席位由某位经验丰富、知识渊博并被各方接受的人填补。

董事长的作用

很多对商业不熟悉的人，容易把董事长和首席执行官的角色搞混淆。

按惯例来说，董事长是董事会里资深的人士，可能是由早期的领投投资人或知名的、具有行业影响力的独立董事担任（但很少见）。董事长由董事会成员选出，通常既不是公司的员工，也不全职参与公司的业务。整个董事会（不仅是董事长个人）对公司的总体战略和主要战略决策负责，同时也负责聘请（解雇）公司的 CEO。董事长通常在董事会的各个委员会（包括常务委员会）行使职权，主持所有董事会议，并密切地与 CEO 沟通公司的事务。尽管与其他董事拥有的投票权相同，董事长的角色也暗含着更高的资历和权威。

相对而言，CEO 是领导公司的首席执行官，他是公司级别最高的全职员工，其他所有员工最终都要向他汇报工作。回过头来，CEO 直接向整个董事会汇报。多数情况下，CEO 会按照董事会的指导，制定公司的运营计划和预算，之后递交给董事会审批。同样，CEO 处理所有的员工聘用、解雇、计划的员工期权授予（需提交董事会批准）等事务。

上述董事会结构存在一种特例，即一位执行董事长以全职、受薪、运营员工的身份直接管理 CEO 的情况（尽管根据公司和涉及人员的特定情况，他们可能都直接向董事会汇报）。

因为公司的所有权力最终来源于董事会，而董事会代表了全体股东的利益，所以董事会能决定董事长和 CEO 的权力分配。董事长或 CEO 要想获得更多的相对权力，他就越需要控制董事会的其他成员，不论是通过技术手段（根据股东协议，他有指派董事会成员的权力）还是非正式手段（其他董事为了避免冲突会选择支持他）。

但是，我在此提醒一下，公司的 CEO 与董事长意见不合是极其有害的，公司很难有好结果。最好的处理方式是让较弱的一方离开。

组建优秀董事会的要点

在非营利领域有这样一个说法，你的董事会成员应该满足以下一条或多条要求：财富、能力、才智。以我的经验来看，追求盈利的董事会同样需要这些素质。

财富：像投资人一样能签发支票，并在未来帮助公司进行融资；

能力：像董事一样具备特定的技能，帮助公司招聘员工、拓展业务、介绍客户、分析退出情况等等；

才智：像聪明和经验丰富的导师一样，以客观的角度给 CEO 提供明智的建议。

理想情况下，所有董事会成员都能满足上述三个条件。然而在现实世界中，你也希望能找到最优秀的——这对创业公司来说颇有难度。原因在于，董事会成员并不能获得现金酬劳，让优异的人无偿献出宝贵的时间可谓无稽之谈。但是对组建董事会漫不经心也是绝对不可取的！不要派你的管理团队中的任何人进入董事会（联合创始人除外）；不要派没有获得你完全信任的人进入董事会；不要派你的母亲或你最好的朋友进入董事会。相反，仔细想想在创业过程中，有没有颇有商业经验，又一直给你建议或监督你的人。通常，初始的董事会只会持续很短的一段时间。一旦你获得了外部投资，在股东协议中（如上所述）一定会明确约定谁将进入董事会——此时，初始的多余董事将会收到感谢函，可能会去独立的咨询委员会任职。

说到酬劳，对于尚未盈利的创业公司的董事，从未听说过他们有人获得过现金薪水和奖金。尽管创始人、公司员工、风险投资基金的代表在董事会提供服务都没有获得任何酬劳，外部董事——比如由创始人和投资人共同挑选的独立董事——接受股票期权（0.5%～2%的范围）的事却屡见不鲜，期权的兑现期通常为2～4年。

天使投资人占据一个董事会席位属于极端情况。虽然没有严格的规定，但按照惯例，如果天使人是公司某轮融资的主要投资人，并且持有的股份比例很大，那么通常不会因他的董事会服务给予额外的股份。如果天使投资人的股份较少，并且在董事会中是作为众多投资人的代表，那么他可能会被当作独立董事对待，可以按照期权兑现计划，享有一或两个百分点的期权。

最大化董事会创造的价值

想要充分利用董事会，你需要采用最佳的方法。布拉德·菲尔德（Brad Fled）和马亨德拉·拉姆辛哈尼（Mahendra Ramsinghani）撰写的这方面的权威书籍，非常值得读一读。[①] 以下是几个有助于你开始的建议：

■ 制定定期的董事会召开计划，与公司的发展阶段及董事会的构成契合。处于早期阶段、获得过投资、快速发展和变革并吸引了众多关注的公司，董事会可能需要每月召开一次。成熟的公司，拥有相对稳定的收入和管理团队，董事会可能半年召开一次。依照我在早期创业公司方面的经验，一年 4～6 次会议（每两个月或三个月召开一次）最佳。

■ 在董事会召开之前，CEO 应提前几天将所有的相关文件提交给全体董事，包括当月、当季、当年至今的财务报告，最新的关键业务指标（KPI），以及在董事会上演示的幻灯片。

■ 提前提交一份标准的日程表并严格执行。我建议，会议前 1/4 的时间，应由 CEO 陈述之前提交的管理层报告，再花 1/4 的时间由不同的管理团队成员向董事会做更深度的展示，后半程会议，需要董事会就观点的战略问题，进行全面的互动讨论。

■ 董事会名义上由董事长主持，但大多数情况下，出于管理的考虑，会转为让 CEO 主持。每次会议结束之前，董事会应该留出几分钟开一个秘密会议，期间要求 CEO 和管理团队回避。这使得外部董事（投资人和独立董事）不必要求召开秘密会议，就有机会讨论公司潜在的管理问题。

■ 最后，每次会议结束后，会议纪要的草稿需要提交给所有成员审核，会议纪要中只需包括所有参会人员的名字，以及具体

---

① *Startup Boards: Getting the Most Out of Your Board of Directors*, John Wiley & Sons, 2014.

描述会议上通过的决议或采取的方案，不需要任何其他内容！

顾问委员会的作用

创始人经常会发现，有些人的建议、人脉资源或者知识对公司非常有价值，但他们又不适合或者不愿意加入公司的董事会。这些人可能包括具有影响力的行业专家、拥有广泛人脉网络的人士、智慧的顾问，或是愿意以自己名誉给公司背书的大名人。他们都可以被招募进顾问委员会，为公司提供服务。

与董事会不同，顾问委员会没有任何法律的角色和职责，也通常不太正式。尽管我认为一年召集一次，介绍公司的最新情况，以及见面交流是不错的想法，但也许你们永远都不会见面。以我的经验来看，顾问们通常通过与 CEO 一对一联系的方式给公司提供帮助，CEO 与他们单独联系，或每周频繁地联系，或一年才联系一次。他们可以推荐客户，运用他们社交媒体的影响力帮助公司，给 CEO 提供建议或指导，或提供对公司所在市场的深入观点。顾问们通常会收到股票期权作为酬劳，数额大约为董事的一半。

创业旅程中的导师

维基百科上对导师关系的定义是：

> 一位经验和学识更加丰富的人，帮助引领一位经验及学识欠缺的人，他们之间所建立的关系。这是经验丰富的人与

渴望学习的人之间建立的一种学习和发展的合作关系。

问题是，这个术语已经被滥用和污名化了，因为大多数人从未有过一位真正的导师。真正的导师关系需要数年的发展，是建立在两人一同密切合作许久的基础上，并维系终身的关系。大多数人一生之中并没有这样的经历，有幸遇到一位导师的人很难再遇到第二位。不同的是，“导师”这个术语在商业圈常常被提及，指的是偶尔给出建议的人。

寻找一位真正的导师的挑战性，在于你的需求与潜在导师的需求被错配。我强烈主张回馈、教导并与他人分享我的经验，而我每周也收到很多新晋创业者的邀请，希望我去指导他们。问题是，我拥有的所有资源中，时间是最紧缺的。如果我答应所有邀请我的创业者，成为他们的导师，恐怕我就没有时间吃饭、休息了，更不要说经营我自己的创业公司或者投资其他创业公司了。

这就是矛盾所在，你希望担任导师的人，正是那些没有时间去担任导师的人，因为他们首先在从事使自己有资格成为导师的事业。有经验的人的最佳做法，是想办法让自己的辅导工作“规模化”，这样可以最大程度地帮助潜在学员。

与其在寻找导师的死胡同里转悠，我强烈建议你把精力用于汲取所有可获取的“大众导师”资源。阅读附录 A 中的“创业公司阅读书目清单”，关注行业专家的博客，阅读在 Quora 上为创业者解惑的成千上万条回答，参与任何与创业话题有关的数百场公共演讲和活动。然后，尽全力做好手头的任何工作或创业项目。

着手去做，在这个过程中，你并不用强迫自己或刻意寻求导师，就会有很好的机会遇到导师。套用一句东方古老的格言：万事俱备，导师自现。

12

挑选财务人员和财务系统

记录创业公司每一笔资金的进入和流出，既是一件大多数创业者不愿意干的乏味苦差事，同时也是大多数创业者宁愿忽略掉的一个令人恐慌、受现实所迫的规则。当然，也正是基于这两个重要的原因，这件事从一开始就必须正确操作。因为资金枯竭而失败的创业公司，数量上超过因其他任何原因而失败的公司。除非你能管理好自己的钱，否则无异于把自己推向悬崖。

在本节，我将介绍创业者需要具备的公司财务基础，选择合适财务人员的建议，以及高性价比网络财务系统的指标，以减轻工作的压力。

公司财务入门

我们从最基本的术语和概念开始。

利润及其衡量方法

不论公司的规模是大是小，公司的架构如何，都由一位或多位所有权人持有公司的股份。

所有权人可能在公司任职，也可能不在。但关键是要理解，公司的“所有权”与在公司“工作”是完全分离的两个概念。

从销售产品或服务所获得的全部钱的总和（称为“总收入”），减去产生这些收入所花费的全部钱的总和（总费用），等于“净收入”，又称为“利润”。

你公司的净收入也可以用总收入的百分比形式表示，得出的百分比被称为公司的“利润率”，利润率越高越好。比如，某年你公司的总收入为 1 000 万美元，净收入为 50 万美元，你的利润率是 50 万除以 1 000 万，即 5%。

美国通用会计准则、税法和其他监管法规给出了相关术语的准确定义，但应用起来可能会比较复杂。现在，我们先专注于盈利的基本公式：

总收入－总费用＝净收入

大多数情况下，净收入的一部分会作为其他的商业用途，比如购买新设备、市场扩张，或是作为应对可能出现的紧急情况的储备资金。剩下的净收入则按照各自的股权比例，派发给公司的全体所有权人。

既在公司上班，又持有公司的部分或全部股权的人，会收到两份报酬：由公司支付的劳动薪酬和公司依照他们持有的股份比例所派发的红利。

如果你正在筹划成立一家公司，无论是自己独立创业还是和创始团体一起，很重要的一点是谨记两种角色的区别，以及这两种角色最终给你带来的两种收入。

会计和簿记的基本流程

用于记录公司所有财务往来的工具，被称为“总分类账”，通常是电子表格的形式。通过记录所有财务往来编制总分类账的过程，被称为“簿记”。不管公司规模的大小，按时、准确、清晰地处理这项工作都非常重要。

总分类账记录以下五种科目：资产、负债、所有者权益、收入和费用。每一个科目对总分类账的两项内容会产生影响（术语“复式记账法”由此而来）。比如，你卖出一份商品，收到的钱以正数的形式计入分类账的收入科目，同时相同的数额要从资产科目中扣除，这个科目记录了公司商品的库存价值。这种总分类账不同科目之间价值流动的记录方式，存在于所有的财务往来中，维持着公司“所有”和公司“所欠”这两者之间的平衡。每一位合格的簿记员和会计师对记录的过程熟稔于心，确保公司账目准确无误。使用网络或电脑会计软件，也有助于你认识复式记账法的原理以及它对公司的影响。

总分类账的数据将用于生成一系列重要的财务文件，包括“利润表”“资产负债表”和“现金流量表”。在这一节请紧跟我的思路，因为只要你还在创业，这三个报表将会在不同的情形下被反复使用。

利润表是反映公司在某个时期内收入和费用的文件。大多数公司每月编制一份利润表，以供公司的经理追踪公司短期财务状况，并在必要的时候做出调整。月度利润表汇集编制成年度利润表，反映公司整年的经营成果。因为利润表反映了会计期间的收入和费用，它得出的盈利（亏损）数额是衡量公司经营健康状况的关键指标。因此，它也可以被称为“损益表”。

资产负债表反映公司在某一时点的资产和负债状况，通常是基于固定的时间点编制——比如每月第一天，以便于对比。公司的总资产减去总负债就是“资产净值”，即公司此时的价值。资产净值可能会出现波动，但从长期来看，它应该增长，表明公司的价值在不断上升。

现金流量表反映在特定期间内，公司的现金是如何流入和流出的——这个期间通常是一个月。现金流量表罗列出收入的来源和数额（例如出售产品或服务获得的收入，或者投资产生的收入）以及费用的性质和数额（例如营业费用、支付税款等）。虽然这听上去很像利润表，但懂得它们之间的区别很重要。利润表描述的是公司理论上的盈利或亏损，但现金流量表反映的是真实的现金。比如，你完成了一笔交易，给沃尔玛提供价值 100 万美元的货物，一旦你向对方发货并提供了发票，交易就已经完成。但事实上，沃尔玛在你发货后 90 天付款，意味着你三个月内收不到钱。与此同时，你不能拿沃尔玛的承诺给员工支付薪酬……这就是为什么创业公司的第一法则是“现金为王”！现金流量表反映了残酷的现金状况，这与公司的存亡息息相关。

制定预算

预算是公司近期的财务规划，描述你对未来特定时间段（最常见为一年）的收入和开支的预计。制定预算的目的在于提供一个监督和控制支出的手段，并维持其与收入的平衡。

制定预算的时候，尽可能准确地预测下一年度的收入和支出，以及确认收入和支出的详细类别。之后，根据每月的增幅将预算进行分解。

月度预算的数据给你提供了基准，这样月度损益表及其各组成部分可以与之进行对比。预算与现实的差异能提前给你提供预警信号，可能是成本超出了控制或者收入不如预期理想，基本不会有公司能实现运营情况与预算数据精确一致（从未发生，也不会发生）。但是，预算的价值在于它赋予你根据公司业务情况，在当年之内按照需要做出修正的能力，也让你能够在一些小问题严重化之前及时进行处理。

管理现金流

现金流指的是公司在给定期间内可用现金数额的变化。如果可用现金数额在此期间有所增加——此期间可以是一个月、一个季度或是一年——那么我们说公司拥有“正现金流”。如果现金数额降低，那么公司拥有“负现金流”。

现金流和盈利能力应该区分来考虑，因为时间这个关键因素，如同前面沃尔玛的案例所显示。公司的这种缺口往往产生负现金流，如果负现金流的规模过大，公司将面临现金枯竭的危机，无法支付工资或其他开销。更严重时，公司会被迫停业。

有效的预算能帮助你规避严重的负现金流问题。预估在哪些时期收入可能下降，并相应作出减少或暂缓支出的计划。寻找让收入更加稳定的方法——比如，通过季节促销的方式，刺激顾客在销售淡季消费。你甚至可以均衡每月的开支模式——例如，要求煤气水电供应商按平稳的计价模式收费，这样季节性能源需求高峰就不会抽干你的银行账户。

支付自己的薪酬

我们已经强调了对公司的两种角色以独立个体的方式区分对待的重要性——所有权人的角色和员工的角色。如果你担任创业公司的 CEO 或其他要职，在制定年度预算的时候要考虑自己的薪酬。确定合适的薪酬水平需要慎重思考。

你在决定自己从公司拿多少工资之前，要去做一些调查。记住，从长期来看，实现个人财务状况的最优途径，是拥有（或部分拥有）一家盈利能力强、可持续发展并处于成长中的公司。

在实际操作中，对于高成长且尚未盈利的公司，获得了外部投资人的投资，比如亲朋好友或天使投资人，人们也希望公司创始人只领取低额的工资。没有人期待你无偿工作，但鉴于这些资金一旦给了你，就无法用于公司的其他开支。你可以预期的薪酬水平应该是市场价格的四分之一或一半。

如何（为何）雇佣一位好的财务人员

如果你的创业公司还处于设立之前的阶段，这个期间你或联合创始人可能在你家里编写产品代码，需要花钱的地方并不多，你可以把会计问题抛于脑后。但一旦你感觉应该成立公司了，你就应该像一家真正的公司一样运营，并且管理你的财务。从你接受第一笔投资、雇佣第一名员工、签署第一张租约或卖出第一件产品开始，前面的“应该”就变成“必须”，你必须以正式公司的方式运营。

记录公司最初的寥寥几笔销售收入或支出，尽管听起来是你可以通过廉价的网络工具就能完成的事情，但在实操中，你会发现细枝末节的东西很快就超出了你的控制能力。如果没有人帮助的话，你毫无疑问将会陷入困境。尽管我拥有金融 MBA 学位，但我很肯定地告诉你，如果没有咨询一位好的财务人员，我是不会成立一家创业公司的。

不论你是否愿意，你的公司必须完成几项与财务相关的独立功能。理论上，有些你可以自行完成，有些最适合由兼职或全职员工完成，有些可以由财务顾问解决，但是有一些是必须由注册会计师才能完成的。以下内容是按顺序介绍你需要完成的事情，以及由谁来做：

（1）你的第一项工作，是与一位真正的会计师一起检查这张列表，并制定一个计划。大多数会计师事务所都渴望新的业务，所以可能不会在为你安排的第一次会面时收取，或只是收取一个名义额度的费用。你的目标是和他们一起设立一个适合你公司的会计科目表，并让他们告诉你下次会面之前你需要完成的事项。他们会建议你使用什么软件，还可能帮你确认填补其他角色的人选。

（2）设立好会计科目和计划之后，接下来你需要记录所有流出或流入公司的现金，包括发票、采购单以及开出的支票。你需要设立并管理公司的账户和支付服务商（在第 14 章详细介绍），并定期核对月度银行对账单，确保收入和支出记录无误。这些都被称为簿记，这项工作从现在开始做，直到公司停止运营。尽管簿记并不是很复杂——作为高成长公司的创始人，你能轻而易举地将数据录入到一个简单的网络程序——但实际上，我发现我的投资组合公司中，有 95%的创始人让别人来处理。对于一家纯粹的创业公司来说，这项工作易如反掌，每月请一位自由职业者（或许是你的会计师推荐的人选）来公司一次，从你鞋盒里收走所有你扔进去的财务凭据，然后将数据正确录入系统，并同时核对银行对账单。随着公司规模的扩大，这种工作的频率从每月一次提高到每周一次。在公司完成首次种子轮融资后，你会发现需要雇佣一名全职的记账人员来处理这项工作是值得的。

（切记：当心不要依赖于仅有一名员工的内部会计部门，而忽略了明确界定且始终如一的相互制衡。赋予某一个人资金支出和清结账的权力，无疑会诱发灾难。欺诈和挪用公款的诱惑可能会弱化员工的诚信度，哪怕他原本是一位诚实可靠的人。）

（3）当所有基础信息都采集好了之后，要了解背后的情况，你最终需要让人把这些原始数据转换成前文讨论过的财务报告，同时规划未来的财务预测。做这项工作超出了记账人员的薪酬水平，但又不在你的能力范围之内，让会计师来处理费用又太昂贵。在大公司，这些工作一般由首席财务官（CFO）来处理，但现在你的公司规模太小，无力聘请一位全职的 CFO。所幸现在出现了一批“兼职 CFO”，他们是 CFO 级别且财务经验丰富的专业人士，以时间共享的模式为多位客户服务。你可以聘请一位“兼职 CFO”作为管理团队的补充，直到公司的规模足够大，需要聘请一名全职 CFO 为止。

下列为“兼职 CFO”所需承担的工作：

- 编制月度、季度和年度财务报告；
- 与你一同管理财务预测；
- 为潜在投资人准备财务文件；
- 为你和你的管理团队提供财务方面的建议和指导。

最后，还有些工作必须由会计师处理。(还记得吗?)包括：

- 准备公司纳税申报单，必要时与国税局进行沟通；
- 如果潜在的外部投资人需要，为他们提供财务报告的审查或审计意见。

网络会计工具的选择和使用

现代电脑会计工具使得常规的簿记工作和财务会计流程更加快速、便捷和精确。最初的革新者是 Intuit 公司于 1990 年代中期发布的 QuickBooks 软件系统。随着互联网的普及，一大批新兴廉价且支持云服务的方案开始出现，并迅速占领了市场。

如今，有五六家强大的解决方案能轻松满足创业公司的基本需求，并随着公司的成长，逐步提供机构级别的会计系统。[①]

在功能相对强大、便于操作并支持云服务的方案中，我给大多数创业公司推荐的是一家新西兰的名为 Xero 的公司所开发的网络工具套件。[②] 与大多数其他网络会计工具一样，Xero 提供不同报价的多种模式，并拥有能大幅提升你会计效率的功能，包括：

---

① 访问以下网站，了解更多这些软件工具的信息：QuickBooks. intuit. com、Sage. com/us/sage-50-accounting、Concur. com、AccountEdge. com、Waveapps. com。

② 网址：www. xero. com/us。

■ 通过与银行的网络连接，处理日常的银行业务

■ 更新并管理会计账目，录入所提供的收入和支出数据

■ 将你的数据通过网络连接到公司的会计师，便于专业顾问了解公司财务

■ 提供定制化发票系统，能高效简易地为客户开具票据

■ 管理和生成工资相关文件，比如 W2 表格、1099 表格

■ 开出工资支票，并/或直接将薪酬存入员工银行账户

■ 将财务数据导出到你所选的报税软件系统，使纳税申报单填写更简便精确

■ 提供 Xero Touch 移动端程序，方便员工在智能手机上使用合适的财务工具

Xero 软件作为一个平台，通过大量外部公司提供的 APP 应用程序，拥有超过 400 项的特色服务，其中大多数是免费的或价格很便宜。几乎所有你能想到的财务管理工具都能在 Xero 上找到。

13

建立和管理信用

创业公司最必不可少的资源之一就是钱，公司用来支付产品和服务，以及投资于公司的成长，更不要说支付创始人生活所需的工资。遗憾的是，现实总是残酷的，创业公司初期通常根本没有现金，所以当你越过理论阶段后，第一笔业务便是找到一笔最低限度的投资。在下一篇的章节中，我们会讨论股权融资，以及如何注入自己的资金、向亲朋好友融资、寻找天使投资人或尝试获得风险投资人的青睐。但在本章，我们从最直接的问题——“如何借钱来资助我的创业公司?”——开始。

答案是：你不能，根本不可能。为什么？因为银行和其他借款人不从事投资或承担风险的业务。相反，他们从事的是租赁钱的业务。对于一家汽车租赁公司来说，他们首先关注的是在租赁期结束后把车完好无损地收回；同样，对银行来说，他们最关注的就是能在贷款到期日把钱收回来。遗憾的是，历史数据表明，创业公司的风险极高，大多数最终彻底失败。这就是你借不到贷款的原因。

尽管没有人会借钱给你，还是有一些机会，你的厂商、供应商或服务机构会愿意让你赊欠，哪怕只是让你使用信用卡，并在月底前还款。但他们也同样关注你的创业公司的还款能力，所以在让你赊欠之前，他们首先要做的是检查你的信用记录，判断是否值得为你承担风险。这就是众所周知的“信用核查”，从审核你的信用档案开始，其中记录了之前你与贷款人，以及与接受你赊欠的人之间的交互情况。你的信用记录越干净、优良，你的信用评分就越高——这个数字反映你能顺利还款的可能性。

优良的信用记录对于任何小公司都非常重要，较高的信用评分让你更容易在需要的时候借到钱，为你建立一个可以帮你解决短期现金流问题的信用额度，并让你有资格获得更低的利率和减免费用，从而降低借款成本。但是如何建立和维持好的信用评级呢，尤其是对于一家全新的创业公司？这有一定的挑战性，但并非遥不可及。

商业信用基础

超过一半的小公司创始人，使用个人贷款作为公司启动和运营的资金的来源之一。有些情况下，创始人直接使用个人信用卡为公司购买所需商品和服务。还有些情况下，他会以个人的名义向银行贷款或是建立个人信用额度，通常是以房屋净值或其他个人资产作为抵押。

公司的这种融资方式可能是你唯一的选择，但也带来了风险与弊病。其中一个问题便是贷款成本：你个人信用卡的利率通常高于公司信用贷款可以获得的利率。另一方面，个人信用卡并不是为解决公司现金流问题而设计的。与让个人信用卡的贷款余额累计很大相比，如果你有可能获得一个循环信贷额度的话，就能更好地管理公司短、中期的债务。更有甚者，如果公司陷入低迷，将会留给你无法承担的个人债务，不仅会损害公司的信用评级，也会损害你个人的信用评分。你不想让商业上的挫折使你的家庭或其他个人资产受损吧。

如果你发现在公司启动的初期，推动业务发展和公司成长的唯一选择是依赖个人贷款（并且获得配偶或其他重要人士的知情同意），你必须谨慎采取如下步骤，将其中的风险最小化：

- 将支持公司发展的借款额度控制在相对较小且可控的范围；
- 尽快还清借款；
- 避免大量债务积累，以防止高昂的利息费用；
- 密切关注个人的信用评级，确保公司贷款没有影响个人财务状况。

鉴于通过个人借款去资助创业公司的弊端，在公司早期发展阶段的某些时候，要建立与个人信贷账户隔绝的公司信贷账户。这相对简单，尽管你的信贷在前期可能会受限。比如，你可以获得一张或多张公司信用卡，或者通过抵押公司资产的方式获得银行信贷额度。这样的话，你就开始建立公司的信用记录，随着公司的发展这会一直伴随着公司。

从邓氏编码开始建立信用记录

邓白氏公司，创建于 1841 年，是全球领先的信用管理公司，主要负责监控、记录、更新和发布各家公司的信用信息，不论公司规模的大小。不论你是否了解，如果你的公司已经成立了一段时间，或许已经在邓白氏公司存有信用记录。

如果你的公司在邓白氏公司的数据库里尚未激活，那你可以从申请一个邓氏编码（D-U-N-S 编码）[①] 开始，建立公司的信用档案。D-U-N-S 是通用数据编号系统的简称，由邓白氏公司运营，用于识别不同公司的信用，确保其他公司的不良信用不会混入你的信用，反之亦然。收到申请后，邓白氏公司会为你的公司提供一个专属的 9 位数字的邓氏编码。这种识别符号全球通用，能方便无误地识别每家公司，与个人的社会安全码相似。

对初创公司来说，参与和使用邓氏编码系统有很多好处。通过为全球不同的公司提供唯一识别的编码，邓氏编码可以简化并整合你的内部记录存储系统。因此，当你通过企业间（B2B）商务模式与越来越多的客户公司发生业务往来时，你可以用邓氏编码来管理自己的数据，它可以提供一种简单、清晰的方式跟进业务，相比于依赖公司的名字做记录，这种方式可以规避紊乱和出错。通过某家公司的邓氏编码，可以轻松获得其准确、最新的信息，信息不仅直接来自邓白氏公司，也来自其他数据源。邓氏编

---

① 要联系邓白氏的客服，请拨打电话 1-866-785-0430，或者登录网站 http：//iupdate. dnb. com/iUpdate/mainlaunchpage. htm。

码同时也简化和加速了某些商业流程——比如说，如果你拥有邓氏编码，就能更快地申请获得 SSL 证书（在网络服务器上用于保护网络金融交易安全的特殊电子码）。

最后，邓氏编码在创业公司开展很多业务的时候是必需的，不论是加入苹果开发者计划以上传应用程序到苹果商店，通过沃尔玛销售你的产品，还是获得资格向小企业管理局（SBA）申请贷款，或是申请成为联邦政府供应商。

邓氏编码的申请并不困难，全过程免费。① 步骤如下：

■ 收集申请所需信息：公司合法的名字、公司总部的名称/地址和主要电话号码、是否在家办公、其他用于商业用途的名称、邓氏编码的主要联系人的姓名和职位、公司的法律架构、公司成立的年份、公司员工人数等。

■ 核实个人身份，获取用户名和密码。在这个步骤，你需要回答一系列基于地理位置信息和个人信息的问题。

■ 填写邓氏编码申请表，这一步通常只需几分钟。30 天内，你会收到免费的公司邓氏编码。你也可以申请加急手续，5 日内即可完成申请，但要收取一定费用。

邓氏编码的标准化程度很高，即便你的公司不在美国运营，也能获得编码。当前，2.25 亿家拥有邓氏编码的公司活跃在全球 90 多个国家。

建立并维持好的信用

一旦获得邓氏编码，公司开始累计财务来往的数据，这些数

---

① 申请网站 http：//www.dnb.com/get-a-duns-number.html。

据将形成公司的信用档案。银行、供应商、潜在投资人、潜在员工甚至顾客，在决定是否与公司发生商业上的来往时，都可以、也可能去查看你的信用档案。这对公司的财务状况可能会产生重大的影响，尤其是在你借款或申请提高信用额度的时候。

根据小企业管理局的统计，“由于大多数低于10万美金的贷款是自动审批的，公司信用记录决定了贷款的额度和还款期限。信用评级低的公司，全国性银行会将信用卡平均利率由9%上调至18%，贷款平均利率由8%上调至12%。”信用档案的优劣差异，可能会致使公司每年付出数万美元的成本——甚至更多。

要维持一个好的信用记录，第一步是了解档案是如何建立的，以及如何关注其中的内容。

有三家主要的信用评级机构：Experian、Equifax和TransUnion。你很可能在个人信用领域接触过它们，因为这三家机构同时也在从事个人信用记录的跟踪、监督以及对个人信用情况打分。然而，相比最高分为850的个人信用评分范围，公司信用评分的区间为0～100分，等级在80～100分之间说明公司在还款日违约的概率很低。此外，邓白氏公司记录公司的信用，创建了一套自己的公司信用评级（也是从0到100），有时被称为邓氏评分。

邓白氏公司和这三家公司的信用机构采用不同算法来计算公司的信用评分。因此，这三家机构之间给你的信用分数可能略有差异。但是它们采用的数据大致相似，包括公司的付款信息和银行数据，任何关于公司的讼案、留置权以及针对公司的法律判决，来自公司登记、设立和破产的数据，公司财务报告的信息，可获取的其他数据。超过七年的数据将从你的信用记录中删除，并且信用评分不受影响。[①]

你应该做什么，才能确保公司的信用记录尽可能好？用于优化个人信用评分的方法同样可以运用到公司信用评分上。持续按时还款——包括到期贷款和信用卡账户——能提高你的信用评分。同样，任何拖欠付款、不利于你的法律判决，当然还包括你经历的任何破产流程，都会降低你的信用评分。

你可能会疑虑个人信用报告与公司信用报告是否会相互影响，以及如何影响。严格意义上来说，这两者是独立的，但是可能会相互影响。《公平信用报告法案》（FCRA）是1970年颁布的联邦法，对个人和公司财务数据的处理进行管理，主要由联邦贸易委员会执行。根据公平信用报告法案，贷款方（例如银行）在提议给一家公司提供借款时，可以审查个人的信用历史。

为何要密切关注信用报告？ 如何关注？

信用报告中偶尔也会出现错误信息，通常是很简单的错误（比如混淆两个名字相似的公司，这就是为何你需要知道自己的邓氏编码）和欺诈。事实上，小企业管理局估计，公司信用损失的15%～30%是由欺诈行为引起的。欺诈、黑客入侵和身份盗取所带来的危害，是你需要密切关注自己信用报告的原因之一。

《公平信用报告法案》中包含了一些条款，专门帮公司通过向恰当的机构反馈信用记录中的错误信息，从而让这些信息可以被

---

① 要了解三大机构在公司信用评分操作方面的更多内容，请访问网站 http://www.nerdwallet.com/credit-cards/business-credit-score-basics。

强制删除。但是，错误的更正需要几个月的时间。所以，如果你的信用报告上出现由任何错误信息导致的污点——比如，一份关于公司未按时支付账单的错误声明，或者关于一起不存在的诉讼的错误报告——请马上给予重视。你的行动越快，这个错误影响公司的概率就越小。

有很多公司提供类似服务，帮助用户轻松监测和处理信用档案的变化。这些服务不仅帮你确保获得较高的信用分数，在错误信息被记录时还能提出警示，因而有助于个人防范欺诈和身份盗取。

信用评级机构本身就提供相关服务。比如，邓白氏公司为客户推出了针对邓氏评分和信用评级变化的自动提醒服务，提示公司的信用报告多久被访问过一次，提供如何优化信用分数的操作指导，并允许你与一家或多家可比的同行进行信用记录的对比。这些服务可以按照不同的级别提供，有基础的免费模式，也有由于服务的复杂度和精细度增加，按每月收取费用的模式。

同样地，Experian 提供一项名为"企业信用优势"（Business Credit Advantage）的服务，通过实时邮件提示信用分数的变动、信用查询情况、资料收集情况，以及其他与信用报告有关的行为。Equifax 的"小企业信用监测"（Business Credit Monitor for Small Business）可提供信用比对服务。你可以查看各家机构的网站，比较它们提供的服务，然后再决定哪一家的服务最适合你的公司。

14

银行开户、信用卡和商业账户

你很可能以普通用户的身份使用了多年的银行服务，但是作为创业公司的创始人，选择和使用一家银行意味着许多新的困难在等着你。

与银行合作

创业公司最基本的银行账户就是公司的“商业支票账户”，某种程度上，公司支票账户和个人支票账户有些相似，两者都存在月服务费，在特定情况下也都可以豁免，这个情况通常是满足最低的结余要求。两种账户都会对透支等特殊服务收费。但是，大多数公司账户限制免费交易的次数，包括开支票、存取款等每月进行的交易，还需要按低于计息个人账户的利率给银行支付利息——大多数情况下，它们根本不支付利息。

商业支票账户主要用于管理你的资金及对外向供应商支付，而“商业账户”主要用于接受客户的信用卡付款。直到最近，这仍是公司接受信用卡付款的唯一方式。近年来，专业支付处理公司，尤其是那些网络支付公司的兴起，精简了小企业的流程。尽管银行提供的商业账户仍有用武之地（尤其对用大量信用卡交易的公司来说），你会发现通过一种新型支付方式来处理信用卡交易更加合理——至少在最初阶段——我们稍后在后续章节会谈到。

过去十年来的另一变革（对大多年轻创业者来说是永恒的），是“网络银行和移动银行”的兴起，使得面向企业的金融服务不受时间和地点的限制，不论用户使用电脑、平板还是手机。比如，许多面向企业服务的银行允许其客户在任何时间访问自己的账户和获取服务——包括管理现金、外汇兑换、资产管理、国际银行服务等等。部分银行可以让客户设置特定类型交易发生时进行提醒，并自动将交易下载转入会计软件系统，例如 Xero、QuickBooks 和 Quicken。

科技的发展使用户能够随时、随地轻松访问银行，同样也使黑客能够轻而易举地入侵用户账户。因此，善恶两股力量的斗争没有终点，你只有依靠自己与银行密切合作，去保护自己的账户免遭侵害。你可以采取的最简单的措施，是高度警惕网络钓鱼攻击。网络钓鱼一般伪装成银行的官方邮件，要求你登录、修改密码或是提供其他敏感信息。银行从来不会要求客户进行此类操作！如果你对邮件或其他声称来自银行的沟通信息有任何疑问，直接在浏览器上登录银行的官方网站（不要点击邮件的链接），向银行的合法网上系统核实。

因为他人可能盗取或猜测出你的银行密码，或者假冒你的身份，许多银行都提供（对于规模大的账户，要求）特殊的技术安全措施，以确保它们是在与合法的客户打交道。这些手段包括：

■ 如果是通过办公室或家里已知的 IP 地址，只接受网络登录。

■ 要求输入一个特殊编码，生成编码的微型设备（网银）用户可以一直随身携带。

■ 每次登录，必须在登录银行网上系统时输入银行向你的手机发送的特殊动态口令。

跟银行咨询账户的安全问题，与银行一起合作，共同寻找最适合你的安全措施。

金融信用的种类以及如何明智地使用

银行提供的最重要的业务之一就是贷款业务——允许向公司提供贷款，资助公司的运营和发展。银行贷款有若干类型，各自有不同的优点、不足和推荐的用途。包括：

公司信用卡。你自己想获得一张或数张信用卡，以供自己或公司员工应对公司的日常开支。但是，你需要弄清，创业公司选择信用卡与个人选择信用卡可能涉及不同的要点。

申请公司信用卡时，首先要明确现金透支和欠款余额的利率（通常用年化利率，及 APR 来表示），不同信用卡的年化利率差别很大。找到一款年费低、提供的奖励和回馈与公司类型和工作方式相契合，同时拥有记录保存系统便于会计处理流程的信用卡。

比如美国通运公司，提供了一系列专门为小公司设计的信用卡。运通信用卡的奖励机制，是根据信用卡的消费情况向用户提供积分或现金返还，同时还提供一系列公司服务的折扣。[①] 此外，运通信用卡没有预设的额度上限，需要时可用于循环贷款的来源。

个人贷款。许多创业公司的创始人使用个人贷款来作为公司的融资的来源。由于你是以个人消费者身份贷款，而不是以公司所有者的身份，贷款时不必向银行解释公司的情况或证实公司的盈利能力。当然，个人信用等级越高、借款历史越优良，申请成功的概率越大，借款利率和其他费用越优惠。

用于资助创业公司的个人贷款通常包括信用卡贷款、房屋净值贷款、房屋净值信用额度和个人分期贷款。每种贷款各有利弊。信用卡贷款通常成本较高，高于大多数其他形式的借款。房屋净值贷款的利息通常是可抵扣税款的（你的会计师可以确认你是否适用这个优惠）。但是，房屋净值贷款的额度自然会受到房屋净值的限制。如果你的房屋背负着大额的房贷，净值贷款的额度可能就比较少。

切记（！）用个人贷款来资助公司的弊端：即使公司成立了，房屋净值贷款和个人分期贷款也有风险，如果你的贷款违约，你可能会面临失去房子或其他用于抵押的个人资产（比如汽车、游艇、股票等）的风险。

企业长期贷款。大多数情况下，创业公司很难，甚至不可能从银行获得企业贷款。大多数创业公司的风险过高，不符合多数银行的借款要求。然而，随着公司的发展，并建立起持续收入和盈利的良好记录，向银行申请特定用途（比如用于新设备的购买或者进军新市场）的贷款就会慢慢变得容易。与一家提供多元服

---

① http：//www. americanexpress. com/us/small-business.

务的银行保持长期合作——这些服务让你的公司成为银行自身收入和利润的来源——将会提高你的信用被认可的概率。此外，你还需要拥有完整的商业计划书和稳定的财务历史。即便你的公司具备如此优质的特征，银行依然会要求你个人为商业贷款作担保，一旦违约，你个人和家庭的财产将面临风险。

循环信贷额度。这类形式的贷款让你在无须额外审批的情况下，获得预设限额内的贷款。根据信贷账户的特征，你可以电话联系银行，要求一笔现金转账，或者通过在这个账户名下开具支票获得贷款。银行会根据实际借款额向公司收取利息，通常按月归还本金并支付利息，款项自动从支票账户扣取。总体上，利率随着经济状况而波动。

通常你能通过循环信贷获得适当额度的资金，对于早期创业公司而言，额度介于 5 万至 10 万美元之间。这类贷款比较适用于公司应对周期性的现金流变化。比如，如果你业务存在季节性波动，拥有一个信贷额度能让你在淡季有资金应对开支。切记要在公司现金流增加、有钱还款时尽快全额还款，避免持续欠款导致繁重的利息和费用。

小企业管理局（SBA）贷款。联邦政府实施了一系列计划，旨在帮助小企业从当地借贷机构获得贷款。[①]小企业管理局支持的计划包括：

- 7（a）贷款计划：帮助不具备向银行或其他借贷机构申请贷款的创业公司和小企业获得贷款。
- 微型贷款计划：通过以社区为依托的非营利放贷人，为小型企业提供少量的短期贷款。

---

① http：//www.sba.gov/content/sba-loans.

■ 认证发展公司 504 贷款计划（CDC504）：通过为小企业提供购买设备或扩大经营用途的长期贷款，鼓励经济发展。

小企业管理局还针对有特殊需求的企业，实施了对应的贷款计划——例如，受灾难影响的公司，作为“美国制造”商品的出口商，寻求发展海外市场和扩大经营的公司。向公司经营所在地的银行咨询，了解你可能有资格申请的小企业管理局贷款计划的类型。

风险贷款。这是由少数专门从事高成长创业公司业务的银行提供的一种特殊贷款种类。因为大多数创业公司早期未能盈利，不符合上述企业贷款、信贷额度，甚至小企业管理局贷款的要求，很可能你的早期资金来自朋友和家人、天使投资人或风险投资人的股权投资。特殊情况下，即便公司正在进行股权融资，只要你手头拥有更多资金，你公司可能有机会在短时间内实现价值的巨大提升，比如，通过预付特许使用费，独家锁定一位重要的合作伙伴，或是迅速扩大产能以完成一位重要经销商的大额订单。这时“风险贷款”出现了。

风险贷款是一种高风险贷款，面向尚未盈利但快速发展的创业公司。由于风险较高，这类贷款附带着高利率、短还款期、权益分享的特征，激励银行放贷。贷款额度通常不高于公司从风险投资人那里获得的融资额，银行的资金偿还要求优先于风险投资人。只有在短期价值提升远高于对应的高成本和高风险的情况下，公司才能考虑风险贷款。

接收信用卡付款

如果你准备开始业务运营，你的客户需要为服务或产品买单，这意味着你以某种方式将钱从客户的钱包转移到你的银行账户。最烦琐的方法是客户邮寄支票或支付现金，这样你必须去银行一趟；比较简单的方法是他们提供支票号码，你以此生成一张“电子支票”，通过银行的自动结算系统存入你的账户。大额付款一般通过银行间的电汇完成，这种汇款方式效率高，但成本高、操作复杂。其他付款主要是通过信用卡或借记卡。

开设商业账户后，公司可以通过银行接收信用卡支付。但是，由于银行普遍转售其他公司的信用卡付款处理服务，其处理费用可能偏高，且客户服务不一致。

处理这些支付最稳妥的方式，是开设带有支付处理系统的账户，并整合进公司的网站，使得公司可以接受来自全球各地的付款，不论是信用卡还是借记卡。这个领域有三家主要的服务提供商，每家每年都要处理几十亿美元的交易。它们在一些细微之处各有所长，你应该比较它们的侧重点，挑选最适合自己公司的服务。[10]

15

选择你的关键技术、平台以及供应商

十年前，任何商业相关的书籍都不会涉及本章的内容，但如今已是不可或缺的一部分。自互联网出现以来，技术的指数级增长从根本上重新定义了企业运营的方式，而最主要的受益人是——你。

过去几年中，一家高成长公司架设运营所需的基础设施系统，需要投入大量的时间、资金和人力。而如今，坐在电脑的键盘前，用数小时时间，几乎可以零成本构造出完善的堪比财富 100 强公司的办公地，工具和服务一应俱全。因为这些服务都可以通过互联网提供，你可以从你的卧室起步，然后随着公司的成长，无缝迁移到联合办公场地、独立办公区，或者价值数百万美元的商业区，这一过程中不会出现任何差错。更有利的是，跨时空、跨地域的服务工作，使你能够建立完全虚拟和分布式的公司，这样与千里之外的同事协同工作就如同与相邻办公桌的同事一样简单。

因为互联网技术在持续发展，同时“软件即服务”（SaaS）的重要特征是你无须参与就可持续更新，所以，你在阅读本书时，可能有一套便于创业公司使用的新工具已经产生。尽管如此，我会帮你对要使用的工具进行分类，介绍各个类别中到 2016 年中期为止最好用的工具是什么，以及分享我个人的选择。尽管从一家 SaaS 平台转移到另外一家并不会产生太大的问题，但我建议你在组织内部，自始至终按照同一个标准在不同的类别中做选择，无论这个组织只是你自己，还是一支分布在数十个国家、人数过百的团队。

硬件

选择硬件平台是你迈出的第一步。在如今这个网络化的世界里，虽然硬件问题不像以往那样困扰用户，但如果你和你的同事全部都使用可交互的设备，将大大提升工作的效率。几个备选方案都非常出名：领导市场（从销售数量来看）的 Window/Android 混合系统，配备运行微软 Window 系统的台式机/笔记本电脑和运行谷歌 Android 操作系统的手机/平板电脑；或者同样领导市场（从市场份额来看）的苹果生态系统，配备运行 MacOS 系统的台式机/笔记本电脑和运行 iOS 系统的手机/平板电脑。个人可以按照偏好选择，但是我的选择（根据我个人经验和大多数美国的创业公司的选择）是苹果的产品。这是因为，由同一家制造商管控硬件和操作系统，其一体化的经验会更加无缝、安全和稳定。

办公套件

接下来你面临的重大选择，是公司基础运营所需的软件，从报告和计划的编制，到电子表格及演示文稿的制作。同样，上述商家会为你提供大量的选择，每个商家都提供一套完整的集成工具，以及链接这些工具的云服务。长期以来，微软在这个领域处于老牌领导地位，其旗下的产品是微软 Office 套件，包括处理文字的 Word、制作电子表格的 Excel、制作演示文稿的 PowerPoint、处理电子邮件的 Outlook。然而，随着苹果公司开始奋力追赶，意欲成为全球最有价值的公司，它决定用自己的产品替代微软套件，比如用 Page 处理文字、用 Numbers 编制电子表格、用 Keynote 制作演示文稿、用 Mail 处理电子邮件并且将这些产品在所有终端设备上免费提供，包括电脑、笔记本、平板和手机。为了不被甩在后头，以搜索引擎起家的谷歌大力开发云服务，发布了一套完全网络版的办公套件：Google Apps，包括处理文字的 Docs、处理电子表格的 Sheets、制作演示文稿的 Slides 和处理邮件的 Gmail。

在三足鼎立的局面下，苹果公司的办公套件普及率最低，其软件占有的市场份额远不及其硬件。微软的产品依然是绝大多数传统公司的主流选择，但是谷歌的办公套件——也不容小觑，因为是免费的——已快速占领了更新、规模更小企业的市场。

假如我是从头开始，或许我会看得更长远一些，并全部使用谷歌的产品。然而，作为一位老兵，我承认我个人有点混搭，我使用微软的 Word 和 Excel 来处理文字和电子表格，使用苹果的

Keynote来制作演示文稿，使用谷歌的Gmail来处理邮件。尽管这种组合并非无缝衔接，但是这三者间的兼容性使我能够高效地使用它们。

云主机

我在1990年代创立了我的第一家互联网公司，我们的软件运行在一些大型计算机上（被称为服务器），这些电脑需要放置在我们办公室的一个专门房间里，用空调降温。2000年互联网泡沫破裂之后，我们将这些电脑迁移到一个“托管基地”，即接受并维护众多不同公司的网络服务器的一栋巨大建筑物。在2000年代中期我创立了Gust，毫无疑问，我们没有自己的服务器。事实上，我们所有的软件和网站都托管在云端，在他人的服务器上运行。我们不知道、也不关注服务器存放在哪里，更不关心是哪种机器。我们只需要知道，当我们有计算能力需求时，会向供应商申请，然后它便神奇地出现了。这意味着，我们依托云服务供应商来管理、维护、安全运营这些对我们而言昂贵的工作，利用供应商的规模效应和丰富资源为我们提供服务，远胜于我们自行管理的效果。

这种云主机服务由亚马逊公司2002年率先开发推出，亚马逊意识到可以利用已拥有的功能强大的设施来服务自己的电子商务业务，并通过亚马逊网络服务为其他公司提供服务。从此以后，随着计算机硬件成本的急剧下降，而处理能力指数级剧增，云服务成了主战场，五大巨头公司相互争抢全球互联网服务。

每家巨头公司的独特产品、服务特点、价格和竞争优势每天都在变化，不同的服务针对不同的业务类型和编程风格，我建议在你挑选云托管供应商时，应指派技术专家根据自身需求对比全部五家的服务。行业内供应商之间的竞争异常激烈，几近残酷，很有可能每一家公司都会为你提供免费的特殊服务或者是折扣优惠，吸引你托管于它们的平台。产品的报价取决于各家公司对自身发展的预期，因此云服务商通常有专门的营销团队，负责与加速器、孵化器、律师事务所、天使联盟以及创业投资基金合作，去发掘和吸引具有高成长潜力的创业公司。

排名第一、规模最大，并且在行业中因服务特色、功能和易用性而一直处于领导者地位的云服务商，是亚马逊云服务（AWS）。亚马逊云服务与弹性计算云（Elastic Compute Cloud，EC2）、简单存储服务（Simple Storage Service，S3）和其他服务的结合，使得亚马逊的服务成为标准，具备很强的竞争力。但在过去五年中，来自重大竞争对手的竞争情况越来激烈，在你选择云托管前，应该好好了解目前亚马逊在市场上的主要竞争对手，包括微软 Azure、谷歌计算引擎（Google Compute Engine）、IBM SoftLayer 和 Rackspace.

其他平台的选择

上述三类平台的选择需要付出最大投入，切换成本也最高。选择了这些平台之后，其他一些工具会让你的公司拥有大公司的能力，以及高速运行的效率。你可能不必立刻完成这些工作，但是，如果在一年左右的时间内，你发现你并不需要以下每种类别工具中的一款，那么你可能没有走在一条成为高增长公司的道路上，或是你严重怀疑这些技术工作对当前业务所能产生的价值。每个类别中，我都用星号标出了我认为当前最好的选择。

网站

有些公司不需要大型、定制开发的部署在云托管平台上的互联网应用，对这些公司来说，有许多供应商能提供功能强大、易于使用的工具，使公司能够快速、低成本地设计和推出个性化的网站。这种绝佳的方式使你不必成为——或雇佣——设计师、程序员或者电脑专家。这些平台让你有能力建立完整的可实施电子商务的网店、图片库、博客、媒体等。

最佳选择：SquareSpace*、WordPress、Weebly、Wufoo、Wix

调查

不论你是需要针对现有客户进行简单的问卷调查，还是开展深度市场研究调查，计划一次活动，或是从员工手中获取数据，这些平台都能为你提供工具去设计调查问卷、分发给目标对象、收集回馈、分析并形成报告。所有的平台都提供免费的基础服务版本，也提供包含更多高级功能的收费版本，比如为市场调研提供焦点人群。

最佳选择：SurveyMoney*、Google Forms、SurveyGizmo、Zoomerang

客户关系管理（CRM）

软件即服务（SaaS）的首位先驱者是Salesforce.com，它掀起了业务营销团队和软件零售行业的革命。随着它的出现，客户关系管理系统可以组织整个销售环节，并且可以跟踪过去、当前和未来的潜在客户。通过全面的报表功能、销售渠道建立，以及近乎无限的附加软件和服务特色，客户关系管理系统为公司的收入活动提供了强有力的支撑。

最佳选择：Pipedrive*、Zoho、Salesforce、SugarCRM、Highrise

人力资源

对于一家只有你自己——或者你和你的合伙人——的新创公司来说，你可以独自处理有关公司雇佣的文件工作。但是，一旦公司有更多的员工，你会发现跟踪每个人的健康保险、福利和其他文件工作是一件非常痛苦的事情。所幸，有大量的平台可以通过网络为你排忧解难。其中大多数不仅可以提供管理文件的简易工具，同时还能帮你连接便宜的福利供应商。

最佳选择：Zenefit*、Justwork、Insperity、Workday、TriNet

文档存储

以前，公司往往会花费数千美元的成本购买硬盘来存储公司所有的数据。如今，云端的存储几乎是免费的，云存储的竞争已经转移到特色服务、互联性和易用性方面了。主要的生态系统玩家已经将云端文件存储服务整合在其产品（Google Drive、Microsoft OneDrive、Apple iCloud）中了，你的办公套件解决方案中具备这部分服务是最好的，并且能与办公套件无缝整合。但是，也有一些独立的存储服务。

最佳选择：Dropbox* 、Box、IDrive

团队沟通

随着团队规模的扩大，高效的沟通系统日益重要，确保交流过程中不出现信息遗漏。团队并肩在一间办公室工作，沟通很重要，如果团队是虚拟的、分散的或经常流动的，这就至关重要。与电子邮件不同，Slack 和 Yammer 的服务通常用于简短、轻松、实时的文字交流，就像你扭头和邻桌的同事讲话一样。对于需要保持统一步调的远程、虚拟的团队，Sococ 的新服务通过结合虚拟形象、文字聊天、视频会议等方式，建立起人身临其境、在同一间办公室工作的感觉（相当犀利）。

最佳选择：Slack* 、Sococo、Yammer

项目管理

运营一家创业公司，任何时候都如同杂技演员一样需要关注十几个同时抛在空中的球，其中最主要的是公司产品或服务的研发和落地，通常称之为项目管理。20 世纪，项目管理意味着一开始就规划好所有事情，然后逐一追踪业务实施流程，确保每一步都能按部就班地完成。然而在 21 世纪，这种管理方式被精益开发方法所取代。我们在第 2 章和第 6 章曾讨论过，在精益开发中，所有的工作都是流动的，多项任务平行开展，优先事项每周甚至每天都在发生变化。在动态的环境中管理开发和项目，尤其是多人一起工作的时候，有必要使用系统跟踪实时进展情况，管理公司的优先事项。

最佳选择：Trello* 、Basecamp、Asana、Pivotal Tracker

电话会议

1957 年，人们第一次在电视上看到英国女王，然而不到 60 年后，多方、实时、高清、移动的视频会议已广泛普及，以至于会议服务已经是免费的了，这让我们不得不感叹其中的神奇。不论公司处于何种行业，你都需要一种低成本、实时的方式与一人或多人不间断通话或共享屏幕。尽管界限逐渐模糊，两种常用的会议模式是音频电话会议（无处不在的会议电话）和视频电话会议（比如网络研讨会、演示和屏幕共享）。

音频电话会议最佳选择：UberConference* 、FreeConference

视频电话会议最佳选择：join. me* 、Skype* 、Google Hangouts* 、FaceTime、GoToMeeting、WebEx

客户支持

随着公司成长，客户基础也会同步增长——不论你的产品或服务有多方便或者自助性有多强，不可避免地，总会有客户要求支持、报告软件缺陷和咨询问题。客户支持平台提供了从报告到解决的全过程的强大工具。

最佳选择：Zendesk* 、Get satisfaction、Freshdesk

电子签名

随着 2000 年《全球与国家商业电子签名法》（ESIGN）的颁

布，美国政府正式承认了电子文件上电子签名的合法性。在纸质文件上签名，然后邮寄或传真发送的日子很快就一去不复返了，你需要在一家电子签名供应商那里创建一个账户，日后文件的谈判和执行就变得简单起来。

最佳选择：Echosign*、DocusSign*、HelloSign、CudaSign

市场营销

不论公司业务是否完全在线上，可能你的大多数销售线索都来自线上，首要的联系方式是通过电子邮件。一旦你获得了第一位客户，你想与他保持联系，定期发送销售信息，以便最大化客户的终身价值。如果客户数量较小（几十位），可以通过手工的方式完成。但当邮件列表中的名单达到数万、数百万级别的时候，这个办法就不可行了。这时（甚至之前），你就需要专门的电子邮件服务来处理和跟踪记录电子邮件，确保你的信息不会被垃圾邮件过滤器拦截，并与其他销售和营销的程序和平台实现整合。

最佳选择：MailChimp*、HubSpot、SendGrid

社交媒体管理

社交媒体，包括 Facebook、Twitter、LinkedIn 等平台，是你的公司获取更多流量、产生销售线索的一种有效方式。任何公司都需要在所有这些主流社交媒体上露面，不论是线上还是线下，或是二者的结合。因此你需要在网络上露面，并确保与公司业务相关，但也不至于成为你的全职工作。你可以通过使用市场营销软件、控制后台和发布工具来提高你的社交媒体技能，从而实现这一壮举。

社交媒体的最佳选择：Twitter*、Facebook*、LinkedIn*、Google＋、Qupra

社交媒体管理的最佳选择：Hootsuite*、Buffer、Social-Flow、Sprout Social

16

通过数据分析评测业务

创业公司在规模不大时，很容易衡量它的健康状况。从你的有利位置，作为公司的领导者——也许是公司唯一的员工——你可以随时跟踪客户的到来和离开、收入的增长和下降，以及成本的升降对盈利能力的影响。但是，随着公司的成长，变得越来越复杂，评测公司是否成功变得更困难了。必须建立一套经过周密考虑的指标或评测工具，并始终如一地予以执行。

在第 12 章里，我已经讲解了财务会计的基础，那是所有公司创始人都需要熟悉的一套至关重要的指标。在本章，我们将扩展指标，与精益创业周期第二阶段将要使用的一些评估工具和技术一起使用：评测。这些工具旨在提供一些方法，让你在创建和迭代产品时，能够轻松快捷地监测公司在成功的道路上所处的层次变化。

用你的 MVP 制定基准指标及启动实验改进

创建最简可行产品（MVP）是通过真实客户来测试你的商业计划有效性的最佳方法。通过你计划在业务完全运营时将要使用的销售和营销渠道，向客户推出你的 MVP，你可以确定你的产品是否真的有市场——以及你是否需要重组产品，来满足客户的真正需求。

你可以通过首次投放的 MVP 设立公司的基准指标，比如，假如你的产品是一款 SaaS 服务，通过网络订购。当你将 MVP 投向潜在客户时，将会得到以下结果：广告信息的点击率、注册率、试用会员比率、客户转化率、每年订购率、单客户生命周期价值率、单客户的销售和营销成本等。这些基准指标是一个很有价值的起点，你可以就此评测未来修改产品和营销策略的成功与否。

这些根据你首次投放 MVP 获得的基准指标，可能比你在首次商业计划书中做的财务预测要糟糕。这样的结果令人沮丧，但却是普遍现象，甚至是正常的结果。以此为起点，你可以通过选择不同的假设，来改进你的增长模型，这些假设条件的变化有可能改善结果。然后依次检验这些假设，看看哪些是有效的，哪些可以消除。

这些备选假设，可能与产品本身的改进有密切联系。比如，通过客户访谈、调查、焦点用户群或者团队内的头脑风暴，你可能会发现，将产品简约化可以使它更具吸引力。你可以把这种想法作为工作假设，用更基础版本的 MVP 做实验的方式来检验。如果在检验中产生的指标比基准指标有所改进，那么可以判定假设可能是正确的。后续你可以提出更多改进产品的假设，做更多的实验。

随着时间的推移，一系列简短、简单、可快速迭代的实验将有助于改进你的增长模型，直到它有效，并得到与最初商业计划书中一致或有所超越的指标。请注意，每次实验只检验一个假设。如果你在一次市场检验中，同时进行了产品设计改进和网站重新设计，从得出的结果中，无法得出一个因果关系清晰的结论，因为你不知道哪个变量导致了指标的增减。

很多创业者发现拆分测试实验（亦称为 A/B 测试）可以很好地洞察客户需求和偏好。在拆分测试检验中，你将潜在客户随机分成两组。然后同时给两组客户提供不同的产品，或是以不同的营销策略或广告信息向客户提供相同的产品。根据两组客户的不同行为，你可以推断出两种产品或营销方式的吸引力。

试验产品可以与调查和反馈工具相结合，以提供客户对 MVP 的反应方面的更多信息。比如说，网络推广者分数（Net Promoter Score，NPS）是由 Satmetrix 公司开发的工具，可以用来分析客户对某个问题的关注度或对某个特定解决方案的热情。这套系统中，只要求客户回答一个问题——“你有多大的可能向朋友或同事推荐我们公司?”——在 0～10 分的范围选择答案，10 代表“非常有可能”，0 代表“根本不可能”。

■ 推广者（得分 9～10）是忠实的热心客户，他们将持续购买产品并且向他人推荐，有助于销量增长。

■ 被动者（得分 7～8）是有满意度但缺乏热情的客户，容易受到同类竞争产品的影响。

■ 贬低者（得分 0～6）是满意度差且会伤害你的品牌的客户，通过口碑传播给公司带来负面影响。

推广者所占的百分比减去贬低者所占的百分比，就是 NPS，结果的范围在－100（所有客户都是贬低者）～100（所有客户都是推广者）之间。事实上，很多公司的 NPS 都是负值，但增长最快的品牌都有大批的忠实客户，例如亚马逊和捷步（Zappos），NPS 保持在 50～80 之间。

NPS 指标是一个指标，可以通过产品设计、营销战略以及对商业模式的其他修改进行不同的迭代测试。指标的改善越多，你的商业模式就变得越强大。

如何确保你所收集和分析的指标是有意义的?

你公司的属性，将决定在分析业务增速时所需要选用的指标。在最常用和最重要的指标中，创业管理者发现对所有业务类别都重要的指标是客户数、重复购买次数和销售收入，但与特定商业模式有关的更细颗粒度的数据也可能同样重要。如果你的公司以广告业务为主要收入来源，那么有关网站访问量和媒体内容下载量——及其人口特征——就是重要的指标，因为广告主有兴趣购买具备某种特质的潜在客户（比如高收入）的关注。

合理设计你所依赖的指标和报告系统非常重要。正如埃里克·莱斯所解释的，你所依赖的指标必须是可操作的、可获得的和可审核的。[①]

■ **可操作的**指标能清晰地展示因果关系。当你可以将影响公司增长率的不同因素区分开时，那么你选用的指标就是可操作性

① Described in *The Lean Startup*, Chapter 7.

的。相比之下，当你收集并分析的数据反映了由两个或更多因素——比如产品设计、营销策略和传播信息——的变化所造成的影响时，很难确定是哪个因素对增长率产生了影响。基于这个数据，要做出未来行动的明智决策几乎是无可能的。

■ **可获得的**指标是简单、清晰、以人为基础，并且组织中的所有人都可以获取的指标。在很多组织中，仅有少数的高层管理者拥有数据的访问权限。然而，经营有方的创业公司将大部分或所有数据开放给所有员工，以便在整个公司内进行分析、洞察和学习。数据的展示也非常重要：你要确保你的指标通过书面或视觉方式呈现，其意义一目了然。传播指标的一个常用方式是管理主控面板，这是一些特殊的网页，可以持续根据实时数据更新，提供一份简单的、一目了然展示公司最重要指标的概览。[11]

■ **可审核的**指标是可信赖的并且容易通过客户互动进行检验的指标。切勿完全依赖程序员独自开发的评测指标；相反，你的产品管理、市场营销和服务团队的人应该不断修正指标，检查其是否体现了重要的信息。你应该通过与客户的实时互动，抽样检查呈报上来的指标。指标设计和汇报过程中的瑕疵，往往意味着呈现给管理者的数据不准确，并存在误导性。公司必须快速发现并纠正这些错误，以免走上错误的发展路线。

群组分析是一项重要的技术，用来分析你公司采用的指标，以确保其具备可操作性、可获取性和可审核性的要求。这是指研究在不同时间接触到你的产品的不同用户群体的行为，而不是将所有客户聚集在一套累积的统计数据中。通过群组分析，你可以区分商业模式变更对结果的影响。在创业阶段，当你运用实验优化商业模式，以使得其更加符合客户的需求及偏好的时候，群组分析尤其重要。

群组分析的基本方法是考察特定时间段内——比如一年中的某个月份——与公司有接触的所有客户，将他们视为一个单独客户库。通过这些客户与公司接触的历史数据，从初次接触（点击网站 URL 链接），到购买行为，再到后续的互动（比如重复购买），追踪他们的相关指标。这种历史常常被称为客户生命周期。特定群组生命周期的定量结果——比如 2016 年 5 月的客户群——可以与该时间段前后的群组人群的结果进行比较。相邻时间段的群组之间在指标上的变化，能反映出商业模式的改进或恶化。

群组分析的结果，通常比累计数据的分析结果更有价值，后者将极为广泛的客户群的数据混合在一起。群组分析让你能够快速精准地找出产生效果的产品、营销、销售和信息策略——比如结果比平均结果好得多的一场特别的社交媒体活动、闪电广告战、公共关系创意或是促销活动。

在分析公司指标的时候，依照这些原则，能帮你避免关注一些虚荣指标。这些指标的数字会给你描绘公司增长的美好景象，即便公司的实际运营状况非常糟糕。

总体性指标——客户数量、销量数据、收入和其他逐月累积的数据——都容易被列入虚荣指标的范畴。本质上来说，累积数据必然随着时间而增长，通常能在图表中表示为增长的曲线，给人留下深刻印象。不幸的是，这些不断增长的曲线掩盖了一个事实，即连续的客户群体对你的产品或营销没有反应。事实上，你对商业模式的改进可能对客户的反应毫无作用——甚至是负面影响。

群组分析让你可以简明清晰地了解客户对商业模式改进的反应，从而帮助你避免陷入相信虚荣指标所产生的虚假形象的迷局中。请不要无视这条警告！创业者是一群乐观的人，而自欺欺人是我们心理构成的基础。我们不愿受挫，也不愿让他人失望。因此，根据确认偏差理论，我们有一种坚持好消息的内在倾向。正如一丝不挂地站在镜子前，能更好地激励你减肥一样，了解客户行为的真实指标是一种了解真实情况的更好方式。

最后，当你设定评测指标时，要确认希望实现的增长里程碑，以及实现这些里程碑之前要达到的指标，而不是实现之后的指标。这种做法将确保公司达到的指标是有意义的，而不是凭空产生的虚幻成就感。在实施特定实验之前，确认你希望实现的指标，可以防止目标的偏移，并提高分析的精确度。

分析工具

创业公司逐渐互联网化的好处之一，就是所有事情都可以通过网络跟踪、评测和记录。只要你想，就可以记录每一位客户对你的网络产品的所有互动行为，包括他们在每个页面的停留时间、他们在你网站上点击的路径，甚至是访问每个页面时他们视线的聚焦点。我们能够生成这些数据，但不代表作为管理者，这对我们特别有用。

所幸的是，市场上存在着大量网络工具，可以用来跟踪、管理以及了解你网站上正在发生的重大事项。[12]

用精益分析研究关键增长问题

正如你所见到的，对创业公司进行精益分析的主要目的，是帮助你确认最有效的战略和策略，以实现用户数、销售额和盈利能力的高速增长。为此，你可能需要通过实验去测试不同产品设计、营销策略和销售方法的吸引力。此外，你应该考虑对其他可能影响增长率的要素进行测试，包括：

■ **产品定价**：要测试客户对不同定价策略的反应，最好的方式是通过实际的市场验证——尤其是对同一产品、不同价格的分割测试，得出的结果可能会令人惊讶。市场上并非没有通过提高价格来吸引客户的方法，因为更高的价格通常意味着更高的品质。

■ **渠道有效性**：依托产品的特征和可能的客户群体，变更获取客户的渠道可能会产生差异极大的销售业绩。比如，创业者盖伯瑞尔·温伯格（Gabriel Weinberg）和贾斯汀·玛瑞斯（Justin Mares）在他们的名著《吸引力：创业公司如何获取客户》[①] 一书中，区分了 19 种不同的获取客户的“吸引力渠道”。你可能会发现，某一条你认为毫不相干的渠道最后成为你获取客户的最佳工具。

■ **顾客决策流程**：每个产品的销售，都是一次客户独立的购买决策流程，先是通过特定的网络或线下场所发现产品，然后经过一系列的互动行为，最终决定是否购买。你能建立的一种极其重要且有用的市场知识，是一份详细的客户购买产品决策流程图，明确如下参数：大多数客户如何知道你的产品？何种信息因素会决定客户对产品的最初兴趣程度？客户会针对产品提出什么问题？客户会听取谁对产品的观点？客户的亲朋好友、职场同事及其他人如何影响客户的购买决定？客户会如何检验产品的质量？何种

---

① Gabriel Weinberg and Justin Mares, *Traction: A Startup Guide to Getting Customers*, S-curves Publishing, 2014.

产品因素会激起购买决定？你可以——也应该——就决策流程的这些因素建立假设，并通过实验进行验证。根据结果，你可以调整你的产品和销售策略，以实现对客户吸引力的最大化。

谨记，监测用户数和销售收入随着时间的增长情况是不够的，你还需要跟踪记录投入到吸引眼球和转化客户的成本，包括网页设计费、维护费、市场和销售员工的人力成本、广告和邮寄名单的成本等等。作为精益分析流程的一部分，你应该记录通过不同市场和销售渠道获取用户的总成本，有些渠道比其他渠道的效率更高或是性价比更高。

你可以将这些信息与人口统计数据结合起来，以确定公司业务的合理可扩展性。确定一个大规模群体具备对产品感兴趣的客户特征，这是非常好的事情。但是，只有通过可负担的渠道和营销方法获取这样的大批潜在客户，你的业务才能快速规模化增长并有利可图。

17

用员工及兼职来充实团队

考虑一下，麦当劳公司有多少不同的职位？这家连锁企业遍布 112 个国家，拥有 180 万名员工，我估计公司设有数百种、甚至上千种职位。这些职位从 CEO 到威奇托市（Wichita）中心某家店面的柜台人员；从人力资源总监到专门负责土豆和油品的美国质量系统/食品安全经理。

与之不同，我们再看看路边街角的热狗小商铺。事实上，这里也同样需要上述提到的职位角色，只不过全部由同一个人担任了而已。柜台前给你做热狗的人恰好是公司的 CEO，他同时管理自己的健康保险，还对土豆馅饼的安全问题负责。

同样，在一家创业公司，有无数个职位需要人手，但这些职位的空缺由有限的、身兼多职的员工填补。比如，在常见的“黑客/大忽悠”型的创业团队里，前者承担了从 CTO 到质量保证部门初级测试助手之间的所有角色，而后者则承担了从 CEO 到客服部门夜班客服中心的话务员之间的所有角色。

这意味着，创业公司会尽力寻求可以承受的所有支持，帮助创始人尽可能分担肩上的重任，他们是每个职位默认的任职者。新员工的招聘会优先填补那些最迫切需要人手的职位、补充公司特定业务功能的特定职位，以及弥补创始人技能缺失的特定职位。

比如，如果技术创始人同时也是杰出的产品设计人员，还是技术熟练的程序员，那么公司会优先招聘市场营销人员。但是，如果技术创始人只是一位黑客高手，那么公司的当务之急是招聘一位视觉设计师。

除此之外，假如创始人主要在财务方面比较擅长，那么首先应该招聘销售人员。但如果创始人是一位零售销售人员，那么公司应该首先招聘一位运营人员，来处理订单和交付。

创业公司组织结构里缺乏设计职能的整合，这是创业圈面临的最大挑战之一——因为很大程度上，好的设计是无形的，也容易在每日优先事项中被忽视。如果你的公司无法在用户体验和接口设计方面设置关键职务，至少确保创业团队中有人能够承担设计的职能。

只有你才能真正知道添加人手的适当时机。要当心：很多创业公司往往因为招聘过度而导致问题，而不是招聘不足的问题。作为创业者，我们拥有乐观的基因，并以将会走向成功的心态看待公司。因此，容易在接下大订单或产品被采用之前招聘人手，很惭愧，在我创立的所有公司里，我基本上都犯下了这种错误。长期的经验告诉我，要听从本·富兰克林的建议“节省一分钱是一分钱”。我已经理解，坚守保持一支紧凑团队的原则——即便你有充裕的资金——更多的时候，也是你最好的行动指南。

招聘与雇佣员工

作为一位创业公司的创始人，打造创业团队几十年，在招聘时我几乎犯了本书所提到的错误。连续创业者莱克斯·西斯利（Lex Sisney）撰写了一本颇有影响力的指南类书籍《如果看待招聘》（*How to Think About Hiring*），这本书让我明白了我所犯的错误。莱克斯后来成为有效组织设计方面的权威人士，著有《组织物理学》（*Organizational Physics*）一书。我强烈推荐这本书，尤其是你的创业公司处于从"尝试启动"到"我们必须真正成长"的阶段时。

以下所述，经过莱克斯本人许可，是他关于招聘的一种方法。这是基于他对最佳运动队管理其招募问题的观察所总结出来的：

> 一贯优秀的队伍，他们不是简单地挖掘和招募天才选手，他们是挖掘和招募那些极其适合其体系的天才选手。他们总是想以合理的价格打造一支具备强烈集体识别度的队伍，而不是简单地不惜任何代价聚集有天赋的选手。

新型的招聘选秀榜

莱克斯认为，从体育招募手册里拿出一页，你就拥有了一份如图 17—1 所示的"选秀榜"，可以让你清晰、准确地思考和判断聘用谁以及原因（或不应该聘用谁以及原因），以及哪里是特定候选人的价值所在。

如果你有类似的系统，你可以将所有潜在的新招聘人员放到选秀榜中，看看是否合适，了解不同候选人之间的差异性，以及候选人与现有员工的比较。简言之，选秀表将问题清晰化了。

如同生活中其他的大多数美好事物，这张选秀榜既简单又强大，它将公司现有员工和潜在工作候选人归到四个象限中的一个：

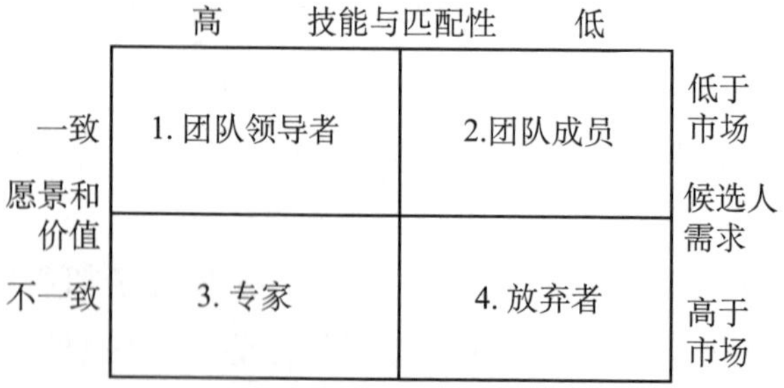

图 17—1　新招聘选秀榜

团队领导者位于第一象限，他们具备很高的技能，能完美匹配这个职位或角色。他们与公司拥有共同的愿景和价值观，并且针对这个职位只要求合理的报酬（等于或低于你公司所在行业或你公司所处生命周期阶段的市场价格）。

他们可以在别处获得更多的收入，但是他们选择少挣一些，因为他们看重作为团队的一分子，以及参与一个适合他们优势和利益的角色的机会。

团队领导者决定了公司的走向。将这群人想象成明星、首发球员或是队长，公司会乐意嘉奖并尽可能长时间留下他们，给他们获得股权的机会、职业路径、自主权，以及支持他们成为公司其他员工的楷模。

团队成员位于第二象限，他们的专业技能、匹配度和相关经验可能不如团队领导者，但是他们也具有同等的愿景和价值观，也不会按照市场价格向公司要求高昂的薪酬。

团队成员对公司的成功非常重要，你必定希望他们留在公司。要找到拥有共同愿景和价值取向，并能展示公司价值观的人非常困难。如果他们具有天赋，那么很容易花些时间开拓他们的技能，并发展成为团队领导者——如果不行，也还是有价值的团队成员。随着他们能力的提升，公司内部可能会出现更适合他们个人风格的岗位角色。将团队成员视为角色球员或板凳球员，你需要训练他们，以提高他们的技术熟练度，并将他们放入合适的角色中，同时将他们视为团队成功的关键因素，以此激励他们。

专家位于第三象限，他们拥有高超的专业技术，能够极好地适应他们的工作，但是他们与公司没有共同的愿景或价值观，或者（且）薪酬水平超过市场水平。

专家被视为富有能力的专业人士，但是不能与公司文化融为一体。他们能很好地完成工作，但是优秀的公司只会保守地依赖他们，绝不会将其放在核心的领导位置，因为他们与公司的愿景和价值观不一致。将专家视为雇佣兵或者自由球员，他们收取费用来完成特定的职责。如果你考虑用他们来填补某些技能的空缺，尽可能将其安排在管理核心的外围，在工作完成时以现金支付报酬。避免将他们放在领导岗位，但允许他们在领导核心以外的位置上发挥他们高超的技能。

放弃者位于第四象限，他们不具备公司所需的技能和匹配度，不认同公司的愿景和价值观，或者他们仅仅是要求获得远超你公司的规模和行业所对应市场水平的薪酬。[①]

放弃者是你从开头就要避免的人选，雇佣之前是放弃“放弃者”的最佳时机。如果在面试的时候，你注意到了第四象限的信号，处理方式非常直接：直接放弃！

在你思考当前团队中的人员以及未来想要招聘的人员时，这个框架为你提供了一个强有力的基础。

■ 你需要一个由领导者组成的强有力的核心，他们专业能力极强，能够完美适合你的体系，拥有共同的愿景和价值观，愿意接受相对市场水平而言公平的薪酬。

■ 你需要维持板凳队员的深度，他们可能在能力（或与工作匹配度）上与先发球员有差距，但是认同公司的文化，也同样愿意接受公平的市场薪酬。

■ 避免将专家放在领导岗位上，他们因此而要求的额外费用，会伤害公司的文化，或是破坏公司的薪酬平衡。

■ 绝对要避免招聘和留住放弃者，他们不具备公司所需的技能、与公司不匹配、不认同公司的愿景和价值观，或者对公司来说，留下他们在时间、精力、金钱等方面都代价太大。

当你在准备招聘员工时，问自己几个问题：你是在为一个重要的领导岗位寻找团队领袖吗，还是也可以由一位专家来填补这个职位？因为这个职位不属于公司核心，而且你需要的是一位具有高超技能且适合这个角色的人来完成工作。你是否在物色团队成员，并愿意在遇到合适的人选时也招聘团队领导者，还是说聘用这位团队成员就能满足这个角色的所有需求？

---

① 术语“放弃者”来源于美国国家橄榄球联盟（NFL）的劳工管理程序，其中规定，一支球队如果不想保留某位特定的球员，就可以放弃该球员的签约权利，并允许其他球队与之签约。

请注意，这只是莱克斯系统的一小部分，它要依据匹配风格、人性和技能来满足组织的需要。你可以在他的博客 OrganizationalPhysics. com 上阅读更深入的内容，其中包括“世界最快人格测试”，一款免费超酷的工具，只需 15 秒便可以知晓你或他人的性格类型的基本情况。

使用聘用合同

当你组建团队时，所有人必须在入职前签署聘用合同，你和你的联合创始人也需要签署。聘用合同中的细节可以调整（虽然总的来说已经非常标准了），但基本要点应该包括工资和收益细节、保密条款、知识产权转让，以及聘用期。根据具体情况以及是否涉及股权激励，合同中还可能包括期权授予及兑现计划、不竞争/不劝诱条款、工作职责与报告，以及辞退条款。

这些条款听起来令人却步，但如果你聘请律师来帮你设立公司，这一切都极为正常，也是公司设立文件包中的一部分。你可以通过网络自助的法律网站处理，或由你的福利供应商来完成。

即便如此，我仍强烈建议你聘请一位资深的创业公司律师处理这个流程，律师能保证员工向你提出的条款是合理的。如果员工对公司特定的领域比较关注，那么见多识广的律师可以指导你明确讨论的问题，并提前商讨出一条公平的合同条款。

从一开始就着手解决这个问题，可以避免日后出现令人头疼的事情（因为你无论如何最终都需要签署聘用合同，而之后再回头签署会花费 10 倍以上的成本），并且有助于你避免因误会（无论有意还是无意）而走太多的弯路。

建立真实、普遍、保持一致性的企业文化

当公司不断成长，你与几位员工组成的团队变得规模更大时，找到一些方法来保证同事之间的友谊、奉献精神和创造力渗入公司日常运营之中，就变得日益困难，也愈发重要，而这些品质是公司初创时期的标志。这些内容就是专家所称的企业文化，有很多这方面的书籍（包括莱克斯的书）阐述如何打造和维护一种企业文化，以吸引优秀人才并激励他们竭尽全力做出业绩。

我已经从多个角度观察并解决了这个问题，我的结论是，如果公司想要生存并长盛不衰，那么企业文化必须**真实**、**普遍**和**保持一致性**。

下面我们逐一介绍这些特点：

真实

基于我 30 多年创业的经验，我不相信公司可以长期维持一种虚构出来的文化，我从未见过哪家公司成功引入文化顾问或营销公司来告诉员工他们应该相信什么或者应该如何表现。组织内部的文化是自上而下的，极具渗透力。如果公司创始人/CEO 本身就是一个混蛋，那么员工最终将会效仿他们所看到的，这种情况就是所谓的“行胜于言”。

普遍

虽然文化和价值观是自上而下传递的，但要让它们在整个组织中得到落实，必须得到所有人的认同——不论是高级经理还是具有影响力的领导层。因为人们基本不可能认同与其内心相悖的价值观，考虑到文化这个问题，重大的招聘决策就至关重要。

保持一致性

对我来说，公司领导的一致性意味着对违反公司文化价值观的行为的零容忍态度。当我说我不会撒谎时——以及我们说 Gust 网站不会撒谎时——我们是严肃认真的。如果我发现团队中有人撒谎，无论是对内还是对外撒谎，这位员工将被即刻解雇。因为，我们从不撒谎!

公司文化必须要真实，是从最高领导者（领导层）心中流露出的真实价值观；然后，在招聘高级管理层和员工时，你必须确保团队成员在进入公司的时候，大家是共享相同的公司文化；最后，你需要保持完全的一致性，不留任何回旋的余地，强化那些对公司而言重要的事物。

工作/生活平衡以及一种支持型公司文化

关于工作/生活平衡的问题非常棘手，在现实生活中人们往往面临权衡的选择。伟大的企业文化，可以逐步解决这个不平衡的问题。

每一位真正的创业者都会毫无保留地告诉你，对创业者来说根本不存在工作/生活平衡这个问题，如果一个人选择了创业这条道路，他必须无条件接受这个事实。我们一年 365 天、每天 24 小时每时每刻都在岗，为了这种特权付出牺牲，但通常得不到任何感谢的话语或是经济上的奖励，我们的家庭也会因此而受苦。任何人如果告诉你情况不是如此，那么他就不是真正的创业者，或者他在撒谎。

在另一端，对于哪些在大企业做一份受工会组织保护、高度结构化、朝九晚五的工作，或者在一家公共服务机构工作，享受谈判获得的优厚待遇的人来说，这个平衡是完全颠倒的。在这种情况下，他们每周的 168 小时中只需要工作 35 小时，就能产生养活家庭生计的经济能力，包括假期、爱好和其他福利。

其他职业介于这两者之间。没有谁要求普通人投入与创业者类似的工作时间，同样地，在 2016 年几乎没有可持续增长的公司能够以朝九晚五的工作模式获得成功。

在创业公司工作，更偏向前者而不是后者。我所知道存活下来的创业公司中，没有一家的员工是可以每周愉快地只工作 4 天，每天下午 5 点钟准时下班回家吃晚饭，每年享有 20 天的节假日和 25 天的休假期。这不是创业公司的运营模式，任何人在加入之前都应该对此有清晰的认识。

真正高成长的创业公司从根本上无法提供很多人所谓的朝九晚五的“工作/生活”平衡。但是对那些选择在这种世界工作的人来说，生活在一个令人满意、富有挑战性、切实可行的环境中是有可能的（虽然很难）。

外包替代

如果你刚开始创业，没有足够的资金支付全职员工的工资，或者为了应对增长的需求，你需要提升公司的运营能力，聘用更多的员工不是唯一的选择。实际上，自由职业者的人数发生了爆炸性增长，他们几乎可以完成全职员工的所有日常工作。如今，这被称为“零工经济”，作为一家精益创业的公司，你或许可以得益于自由职业者的弹性工作模式，以及享受其他领域熟练工作者更低的人力成本。

2000 年代早期出现的自由职业工作者网站中，最大的两家合并了，成立了一个超大型、基于云服务的平台，是目前按需工作平台的顶峰。Upwork. com 由 ODesk 和 Elance 于 2015 年合并而成，超过 1 000 万的自由职业者在此平台上注册，有超过 400 万家公司发布了总量超过 30 亿美元的工作需求。这是一批巨大的工作量，全部由那些并非在发布公司全职工作的自由职业者完成。

自由职业者可以完成的工作类型超乎你的想象，只要这些工作可以在电脑上完成。创业公司和其他公司在 Upwork 上招聘自由职业者的类别中，最多的工作是技术、行政支持、写作和翻译、设计和多媒体、移动端发展、销售和市场营销，以及金融和法律服务。

事实上，许多创业公司都是借助自由职业者来完成其最简可行产品，直到公司能产生收入或获得融资后，才开始招聘全职员工。

以下是 Upwork 的主编达若·琼斯（Darrell Jones）关于如何

吸引最优秀的自由职业者，并建立良好合作关系的一些建议：

与服务你的自由职业者沟通

沟通就是一切，尤其是在自由职业者远程为你提供服务的情况下。要记住，他们并不会每天都在关注你项目的各种细节，所以你需要从一开始就明确你的需求和预期。在项目描述时，尽可能使用具体的例子来说明。当项目偏离预期的时候，几乎总是源于前期的沟通不到位。

维持对项目的控制

长期或者有多个关键里程碑的项目需要密切跟进，以确保项目按照原计划保持在正轨上。稍有偏离（比如一个不恰当但被接受的里程碑）会使你聘用的自由职业者把无数的时间浪费在你不需要的工作上。

及时并公平地支付报酬

你希望他们的工作出色，同时你也希望有一大批自由职业者很乐意参与你的新项目。根据工作量和所需经验水平，支付公平的报酬是至关重要的。从网站上搜寻，了解市场情况及当前的价位。

在项目中运用里程碑

如果项目的规模较大，你可以尝试以固定的报酬聘用自由职业者，并将项目细分为几个小的里程碑阶段。你可以将项目报酬暂交第三方托管，当每个里程碑完成时即发放对应的报酬。这样做的另一个好处是，你不需要一次性支付全部工作的报酬，而只需支付下一里程碑的报酬即可。

雇人有方

在做出最终聘用决定之前，确保你已经对自由职业者进行了审查。了解其他客户对自由职业者的反馈和评价，寻找符合预期的候选者。面试是非常重要的一环，在此环节你可以了解候选人和他们的工作方式，以确定谁可能是最合适的人选。此外，你还需要关注他们过往项目的工作因素，看看其他客户对你所考虑聘用的人选满意度如何。

铭记这些建议，你就能更好地理解如何成为一名专业的、顶级的，并且自由职业者乐于服务的客户。这些是双方保持坚实而长期关系的基础，也能让你在打造创业公司的过程中深受其利。

18

设立股权计划激励团队

对于大多数想要加入初创公司（而不是一家历史悠久的公司）的人来说，其中一个主要的吸引力在于有机会获得股权——从而成为公司的一位小拥有者——作为报酬的一部分。如果公司日后取得了巨大成功，他们所持有的股权将有可能让他们变得极其富有。因此，在一家有前景的初创公司成立之初就加入，并持有股权是极其吸引人的，这种诱人程度是在大公司按月拿薪水无法比拟的。

如果你是一个正准备为自己的初创公司招募第一批员工的创业者，你应当考虑设立一个可行的股权参与计划，来吸引你想要的核心人才。这种计划对于传统的公司来说也许可有可无，但是你正在创立的是一家可规模化发展、高成长性的公司——在当今的市场环境下，这意味着员工期权计划是必不可少的。

我已经在本书中多次提议，先找一位熟悉设立创业公司的律师交流，而不是试图自己独立处理所有事情。当你的公司首次完成注册时（只有你和联合创始人是公司的所有者），你便不再需要为任何人留有股份。除非遇到以下两种情况：（1）你之后聘用的员工将获得期权而不是股份；（2）你从外部投资者那里获得第一笔股权投资（例如种子轮或 A 轮可转换优先股融资）。

这种情况下，公司将设立一个所谓的期权池，预留一定数量的普通股，以应对将来员工或其他人执行他们的期权。一份期权，正如其名，是赋予持有者自行选择购买一股股票的权利的一纸凭证，公司必须确保始终有足够的可用于行权的股份。

与之相反，对于投资人来说，他们往往直接购买公司的股票，在这个过程中，公司将会增发新股（这显然会对已持有公司股票的股东产生股权稀释的影响）。

此时有两点需要注意：

■ 虽然用于授予员工的期权池很可能是在公司获得第一笔投资时设立的，而且包含了未来可能要授予的期权，期权池的全部数量（通常占公司所有权的 10%～20%）在投资人对公司进行估值前要被扣除。尽管对创业者来说这看似并不公平，但确实具有正当的理由（你要求按任何其他方式处理都无济于事）。

■ 就算你在开始聘用员工或获得第一笔投资之后，才开始启动你的期权计划，我还是强烈建议在一开始就跟你的合伙人设立创始人股权兑现计划。创业者们大都认为这种做法并不合理，但如果没有它，那你就是自找麻烦。试想一下：有三个人共同创立一家公司，并持有相同数量的股份，后来获得了 100 万美元的天使投资或风险投资。第二天，其中一个合伙人说，“嘿，公司很棒，但我不干了。哦，顺便说一下，我会继续保留我在公司所持有的三分之一的股份，我十分确信你们会让这些股份真的很值钱的。谢了兄弟们!”

在科技创业领域，公司的每一位成员——从CEO到前台——都参与到相同条款的期权计划中，这是普遍通行的做法。那种只有核心成员才能够获得期权的公司，通常都在内部文化上存在问题。

公司最高管理层的股权计划通常是量身定制的，除此之外，每位员工之间的差别仅仅在于授予期权的数量，期权数量通常由职级高低来决定。例如，初级员工可能获得对应5 000股股票的期权，经理能够获得10 000股，总监能够获得20 000股，以此类推。

要注意的是，因为执行“反稀释条款”的任何手段都有助于部分股东的利益——以其他股东的损失为代价——这项条款的谈判非常激烈，并且基本上仅仅对投资人有利，而损害公司创始人和员工的利益。在现实世界中，创始人或员工企图避免反稀释条款的情况几乎闻所未闻，因为在早期投资阶段有一条黄金铁律：“拥有黄金的投资人制定规则”。

即便如此，在某些特定情况下，管理层（实际上并不是创始人或普通员工）拥有一些保全自身利益的谈判筹码。这种情况通常发生在公司面临困难的时候，此时管理层的初始期权贬值到一定程度，已经不能够激励其继续留在公司。这时，维持公司发展的核心管理层面临出走的潜在可能，投资人可能会通过一项一次性的管理层股期权授予来有效保证团队的部分股权，或者，当公司进入出售阶段，投资人会承诺在出售所获得的资金中给管理层切割一部分出来。这意味着管理层能够先于投资人拿到一笔确定的现金。

更常见的是实施“常青”员工期权，这种期权计划会在员工原有期权已经全部（或部分）兑现后，再授予一次或多次额外的期权。这种做法把胡萝卜摆在员工面前，持续激励其继续留在公司。否则，四年后员工的所有期权都已经兑现，从理论上讲，员工继续留在公司将不再享有额外的股权利益。

管理你的期权计划及股权结构表

在你最初的股权结构表上，公司发起人拥有公司100%的权益，你的创业律师负责设立公司期权计划相关的所有法律工作。这是比较简单的部分，问题在于一旦你开始聘用员工、给顾问发放股权或者向投资人融资时，所有事情将迅速变得复杂起来。

所幸的是，有一些公司为创业者提供全方位的、基于云端的服务，帮助其使用一种简单、易于使用的方式去管理股权结构表和期权计划。这些系统能够与你公司的法律文件相结合，可以让律师和审计师查看，同时为你的期权持有人和投资人建立账户，便于他们管理各自的持股情况（见图18—1）。

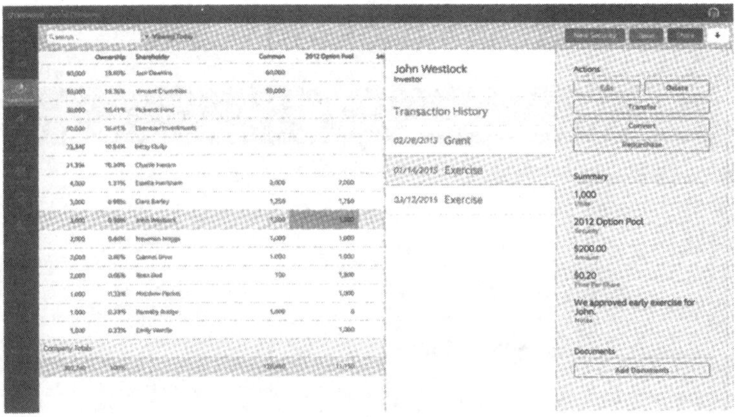

图18—1　股权结构表范例

一旦有新员工入职、融资入账、期权兑现，系统将会跟踪所有变化，并自动更新公司的股权结构表和期权持有人、投资人的个人账户（见图 18—2）。由于这些公司掌握了所有权益持有人及其各种权利和优先权的所有相关信息，他们在公司分配收益时，还可以提供高级的分配模型（所谓的瀑布式清算法，将在第 25 章讨论），不论结果是好（公司被成功收购）还是坏（公司破产清算）（见图 18—3）。

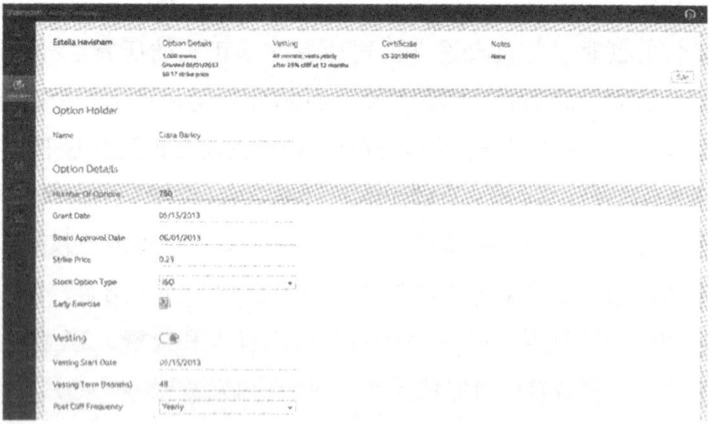

图 18—2　期权账户范例

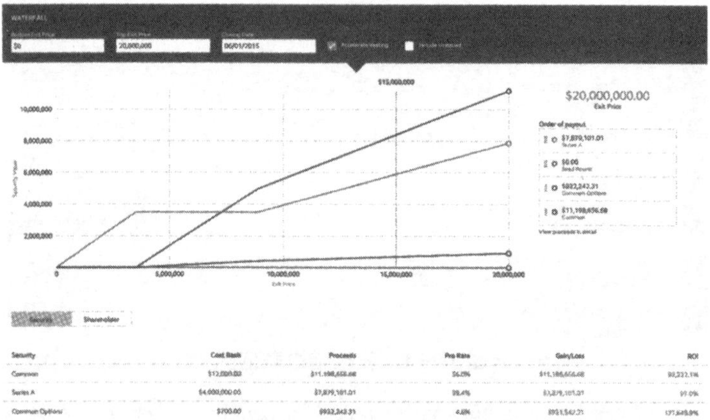

图 18—3　瀑布分析范例

Gust、Capshare、eShares、Ipreo 和 Solium 等公司都提供网络股权结构表/期权管理方面的服务。

409（a）估值与“公平市场价值”的含义

股票期权的核心在于公司提供员工一份合约（期权授予），约定他可以按当天的公平市场价值购买公司 X 数量的股票。如果你仔细思考一下，就会意识到，根据股票期权的定义，它在当天是一文不值的。这其实是好事！好就好在正是因为它在当下没有任何价值，所以当你授予员工期权的时候就不用交税。等到日后公司股票价格（记住，这是一家高成长的公司）高于今天的价格，员工才会行权，以今天的低价购买公司的股票。

公司在向天使投资人或风险投资机构融资时，正确的估值是相当重要的，同样地，用于期权计划用途的公平市场估值也很重要，但这是一个完全不同的估值。

“稍等一下！”你肯定很惊奇，“这难道不是欺骗吗?！同一家公司怎么能有两个不同的估值??所谓的公平市场价值难道不就是我从公平市场上获得融资时的公司估值?!?”

这些问题在法律上很值得探讨，而它们都有一个逻辑自洽的答案，能够让你的律师、审计师和税务局都感到满意。这是因为你的员工获得的期权的标的物是普通股，而你的投资人购买的股票是可转换优先股。要记住投资人的股份在任何情况下都将优先得到偿还，而且受到一系列保护条款和控制权的保护，这些都是普通股所不拥有的。不仅如此，你和你的投资人谈判确定的投资估值，主要是对双方认同最终能实现的公司未来价值的一种分割方式。但税务局是冷静而无情的，不关心未来。所以，如果你的公司还没有收入（更不用说利润了），税务局绝不会像你和你的投资人一样，盲目乐观地把未来虚无缥缈的公司上市考虑进去。

值得高兴的是，税务局对你公司的估值可能会比较悲观（“一家还没生产任何产品的公司估值500万美金?! 想都别想”），这事实上有利于你和你的员工。如此一来，你可以按较低的价格发行期权而不必承担税务后果，当你的公司真的大获成功之后，所有人的期权的价值会大大增加。否则，你就得高价发行期权（导致估值增长的空间减少），或者底价发行，但让持有人为差价纳税。

美国税法409（a）节描述了针对期权的特别估值方法，在多数情况下，要求由第三方评估机构完成。美国税务局要求，在发行期权之前的六个月内，公司要完成409（a）估值，因此便捷实惠的期权估值服务显得尤为重要。在美国有一些专业机构提供这些服务，其中比较领先的公司是Gust股权管理（Gust Equity Management）、硅谷银行、Scalar、Teknos和Aranca。

期权估值方面近来有了新的发展，股权结构表管理平台和409（a）估值平台开始迅速合并，从而极大地提升了估值效率和规模经济效应，常规409（a）估值的成本从10 000美元降至2 500美元，甚至更低（但估值成本还是会随着公司股权结构的复杂程度而增加）。

第三篇

融资、与投资人合作及规划退出

19

了解融资流程及投资人的关注点

一些很小的公司——尤其是为个人提供专业或私人服务的小公司——仅需付出人力时间和天分能力就可以组建起来并实现成长。但是大多数公司是需要启动资金的——购买软件、工具或设备、支付办公室租金、给员工或合同工发工资等等。由于大多数创业者还未实现财务自由，在第 13 章中我们也看到银行并不会借钱给初创公司，用公司的部分所有权（股权）作为交换条件来融资，对于创业者来说通常是十分必要的。愿意提供资金来参与交换的人就是投资人，他们的兴趣、动机和能力各不相同，体现在他们能够提供的资金量，以及他们投资之前你的公司需要达到的阶段。

我能够融资多少金额？ 向谁融资？

你能够从一位特定投资人处融资的金额，往往因人而异，取决于你的投资人是家人朋友、独立的天使投资人、组织化的天使投资团体，还是专业的风险投资基金（VC）。统计数据表明，在美国投资早期创业公司的活跃天使投资人，平均给一家公司的单笔投资金额为 25 000 美元。在科技中心之外的地方，你会发现一些投资人的投资金额在 5 000～10 000 美元的范围，尽管也有一些高净值的个人，他们在早期项目上有能力也真的一次性投资了高达 100 万美元的金额。

组织化的天使投资团体的平均投资金额在 25 万～75 万美元之间，和一些所谓的超级天使投资人或种子基金——更确切地说是一些小型 VC 机构——的投资额基本持平。

传统的 VC 机构通常在 A 轮投资中投入 300 万～500 万美元，公司在接下来的后续轮次的融资规模将达到千万美元。然而，随着创业成本的迅速降低以及来自天使投资、种子基金的竞争压力，很多 VC 正在往早期倾斜，直接或通过特殊目的基金的方式，参与更小规模的投资。

大致来说，公司的融资金额可以粗略分为以下几种区间范围：

0～2.5 万美元 通常是你自掏腰包投入资金，否则无法吸引感兴趣的其他投资人。这些资金将保留下来，并成为你的创始人股权的一个构成部分（还包括你的工作和知识产权）。

2.5 万～15 万美元 除了你自己的资金之外，通常你要找家人和朋友完成第一笔外部融资。这笔融资往往会直接记成普通股的出售，或者是能在下一轮专业化融资中转换成同等股权的可转换债券，但转换价格要打折（事实上这对所有人都有利）。我会在第 22 章中探讨这些投资的交易结构。

15 万～150 万美元　此时你处于天使投资的范畴，要么有幸遇到了一位富有且慷慨的天使投资人或者（更可能）从多位投资人处募集了一笔资金（每人 1 万～10 万美元），还有可能是一个或多个组织化的天使投资团体、一家或多家小型 VC 机构（超级天使）或种子基金。他们要么以可转换债券（有估值上限）的形式，要么以种子轮或 A 轮可转换优先股的形式参与投资，投资协议等文件与大型 VC 基金的文件类似（我们将在第 22 章讲到）。

150 万～1 000 万美元　你是在寻找早期阶段的 VC 基金，通常会使用国家风险投资协会（NVCA）提供的 A 轮融资协议模板。投资人第一次将投入其计划投资额的一半，如果你成功执行公司的发展计划，剩下的资金将在后续一轮或多轮融资时投入。

1 000 万～2 000 万美元　你将要向后期阶段 VC 基金融资，使用的法律文件与早期 VC 基金的类似。他们会投入更大额度的现金，但你公司的估值会更高，因此此轮投资人获得的股份可能会低于之前的投资人（他们可能会在后续每轮融资中继续追加投资，以保持其持股比例不变）。

尽管这是创业公司融资的典型阶段，但必须牢记的是，能够从头走到尾的公司其实少之又少。大多数美国初创公司在第一阶段开始，也在第一阶段结束：创始人的自有资金。能够获得外部融资的公司数量以数量级的速度递减：大约 25％的初创公司能够获得家人和朋友的投资；2.5％的初创公司能够获得天使投资；0.25％的初创公司能够获得早期 VC 投资；0.025％的初创公司能够获得后期 VC 投资。

投资流程和融资轮次

对高成长型公司的投资，通常以一系列的投资轮次来描述。严格地说，一个投资轮指的是一家公司在某个特定时间段内，按照类似的协议条款从一位或多位投资人处，获取一笔或多笔投资。这其中可能包含了很多不同的情况，比如：

- 当你在进行产品编程时，你的父母借钱给你支付所有开支；
- 25 位独立的天使投资人以可转债的形式投资了一家初创公司；
- 两家天使投资团体以认购种子轮优先股的方式进行投资；
- 一家 VC 基金以 A 类可转债优先股的方式独家投资。

在以上所有情况中，最基本的要求是，被投公司和投资人就投资金额和投资条款达成一致。这些条款构成了众所周知的投资条款清单，这些条款最终如何确定，被投公司和投资人如何就投资条款清单达成一致，差异可能会非常大。

在理想的情况下，一位创业者自力更生地创业，产生了一定的市场影响力，并获得了关注。一位聪明的投资人致电这家公司，说：“你好，我觉得你们做的事情很了不起，我愿意投资 100 万美元交换你公司 10%的普通股。”这位创业者同意了。律师迅速起草投资文件，投资人寄来了支票，这笔投资交易完成了。

即便说以上情况很少发生，也是严重夸大了其发生的可能性。

真实情况通常是怎样的呢？首先，一家初创公司成立，并获得了一点市场影响力。（现在，公司尚未开始运营或者缺少接近开发完成的产品，几乎是不可能获得投资的。）然后，创始人与他能找到的、尽可能多的投资人见面，这些投资人最好是通过双方认识的中间人介绍的。这就是众所周知的“启动一轮融资”。

幸运的话，至少有一位投资人给你出具一份投资条款清单，表达投资意向。如果投资人愿意投创业者需要的全部金额，所有投资条款也可以接受（也许经过多轮谈判），在法律文件签署完毕，资金到账之后，这一轮融资就完成了。

但是，如果投资人愿意投资部分资金，但不是创业者需要的全部金额，双方也就投资条款清单达成了一致，那么公司是处于有领投人的融资阶段。在这个时候，创业者（有时会在领投人的帮助下）将拿着领投人出具的投资条款清单继续寻求其他投资人，以便能填补本轮融资的资金差额，其他跟投人会按与领投人相同的条款注资（因此属于同一轮融资）。

在某些情况下，投资条款清单中会约定在某个特定日期之前结束融资（也就是说，停止接受新的投资进入，并让投资人开始转账注资），无论其他投资人是否加入。通常情况下，在任何投资人开始注资前，投资条款清单中会约定一个本轮融资的最低金额，也可能会约定一个最大的融资金额，超过这个额度之后，任何其他投资人就不允许参与了。由于本轮融资的投资条款清单已经由创业者与领投人经过谈判达成一致，基于这份签署的条款清单，后续投资人做决定时要么接受要么放弃，整个决策流程会简化很多（因此也更容易参与）。

真正的挑战在于，在创投圈里找到领投人是最困难的，因为做第一个吃螃蟹的人并不容易。

理想的领投人具有以下特点：

■ 提供“聪明的资金”，意思是说他们对创业公司的业务和公司所在的领域非常了解，并且可以在投资后为公司提供很多帮助；

- 真正愿意为公司付出，他们会在融资过程中以及融资之后，投入自己的时间和精力；
- 愿意投入数额较大的资金（通常占目标融资额的 25%～50%）；
- 雄厚的财力（能够在后续融资中继续追加投资）；
- 有熟悉的投资人圈子，能够把公司介绍给其他投资人；
- 与创业者能产生良好的化学反应。

但是，由于找到这样的领投人实在困难，创业者别无他法，只能尝试走捷径。一种方法是创业者自己起草一份投资条款清单，设定估值、协议和目标融资金额。随后他们便充当自己的领投人，把这份投资条款清单发给潜在投资人，快速进入要么接受要么放弃的决策阶段，跳过最初艰难的、一步一步推进并领投的决策阶段。

遗憾的是，这种做法通常是有问题的，创业者跟自己“谈判”后拟定的投资条款清单，往往与睿智而犀利的领投人谈判后的投资条款清单是截然不同的。因为这份伪投资条款清单往往对投资人不够友好，同时又没有一位睿智、愿意付出、钱多且人脉关系丰富的投资人提供验证、支持和一大笔资金的承诺，一个“要么接受要么放弃”的简单选择结果，往往就导致更简单的“放弃”结果。

投资人的关注点是什么？

在创业投资谈判桌的两边经历了几十轮之后，我发现创始人和投资人对同一家公司的看法是截然不同的。一位有远见且乐观的创业者看见的是一个充满无限可能的世界（即使前路充满坎坷），而一位务实且冷静的投资人关注的是公司是否有能力和资源存活下来并壮大（如果运转顺利，有潜力完成一次投资本垒打）。

一个聪明的创业者在寻求投资时，会从投资人的角度来审视自己的事业。你越快学会客观地分析公司获得投资的可能性，就能越快地改变并提升公司对投资人的吸引力和优势，从而找到理想的投资。

以下是聪明的投资人会关注你公司的一些方面：

管理团队的能力

创业者是任何创业公司实现成功的关键。每位聪明的投资人都会通过审视创始人的商业经验（也就是说，曾经是一位——最好是成功的——管理者和领导者）、行业经验（在公司所在的特定行业的经历）和相关技能（创业公司获得成功的核心事务的执行能力），以此来评估投资的可能性。

同样重要的是创业者的灵活性——不仅指的是创始人在必要的时候愿意调整方向，还包括他易于相处共事的性格特点。其中的一个核心问题是，如果未来创始人让出 CEO 的职务对公司来说是最好的选择，创业者是否愿意接受这个事实。作为一个创业者，在见投资人之前你必须好好思考这个问题，因为这在一家公司的成长过程中会经常出现。

不仅如此，投资人还会仔细评估公司管理层的完整性。如果 CEO 像超人一样全能，可以完成所有事情，这个问题可能并不重要，但在大多数情况下，投资人更想了解公司内部已经具备哪些能力以及接下来需要聘用具备哪些技能的人才。

商业机会的规模

这主要指的是公司产品或服务的市场容量，包括整个行业的范围，以及消费者每年在可替代产品（针对你公司计划提供的产品）上花费的具体金额。如果世界上所有的潜在消费者目前每年在类似产品或服务上的花费只有 2 000 万或 3 000 万美元，你很难声称你的公司将成为这个市场里的独角兽。聪明的投资人喜欢成熟的细分市场，消费者每年已经消费了数以亿计美元，同时潜在的消费者人群仍在增长。

评估商业机会的规模，有一种方法是预测创业公司未来五年的收入潜力——尤其是天使投资人会使用。本质上，对于有长期收入的公司来说这没有什么问题，比如建一座核电站。但是，天使投资人（与 VC 和 PE 基金不同）通常没有雄厚的财力，这意味着大规模、资金密集型，并且需要数十年才能产生利润的创业公司通常不适合天使投资。这个问题就变成，你的公司怎样快速启动、快速实现收入规模化以及这些收入在合理期限内实现的可能性（超过五年的期限，没有人能够预测）。

另外，投资人还会考虑公司将会面临的竞争情况，他们想要一个恰到好处的答案：不多、不少、刚刚好。在理想的情况下，你的公司将进入一个不那么拥挤的市场，不会遇到地位稳固、资金充裕的竞争对手。但另一方面，如果市场里真的没有任何竞争对手，对于有经验的天使投资人来说其实是一种警告信号。为什么没有竞争对手？这就说明，现在没有人认为这家公司做的产品或服务是值得花钱购买的！

产品或服务

如果你提供的产品或服务的用途很广，是每个人都想要的，那你的公司注定会失败。投资人想要的是一家清晰、专注并明确定义其市场需求，以及准确定位市场和特定人群的公司。

接下来，投资人想知道你的特定产品如何满足确定的细分市场需求，更重要的是，为什么能够满足？投资人更倾向于投资那些能够解决消费者痛点的“止痛药”，而不是让消费者有更好/更快/更便宜体验的“维生素”。

最后，投资人有兴趣了解进入壁垒。你的产品或服务的复制难度有多大？潜在的竞争者有谁？当然了，像谷歌或者苹果这样的大公司以后可能会击败你，但你的产品是否面临当前的激烈竞争？如果是，你的公司怎样才能脱颖而出，成为赢家？这些都是你在见投资人时，需要好好思考并给出合理、可信答案的问题。

行业类型

如果你即将进入的是一个以不断更新迭代、高度规模效应的IT（信息技术）为基础的行业，这将成为投资人眼中的加分项，因为一笔小额投资就能帮助一家公司往前走很远。因此，一家B2B的创业公司，甚至是一家针对消费者的创业公司，都是高度可规模化的（也就是说，能够实现快速且轻松的增长）。一家传统的企业往往在一开始就需要大量的现金，却无法给投资者提供有效的杠杆，这在投资人眼中是有问题的。

销售渠道

你的产品将如何到达消费者手中？你的产品销售、市场、推广方案是否已经经过测试和实施？或者说一切还处于理论状态？

公司的阶段

你的公司还仅仅是一个创意？还是已经一炮而红，获得了满意、付费和重复消费的客户？或者处于这两者之间的阶段？不同的投资人喜欢投资不同阶段的公司：一位种子期投资人通常不会参与B轮投资，一支后期的VC机构也不会参与种子轮的投资。

商业计划和路演的质量

商业计划和路演的质量看似与你的公司前景关系不大，但事实上比很多创业者认为的要深刻得多。如果你有一份清晰、详细的商业计划书，在路演中表现得相当紧凑且有说服力，你的成功率会比平均水平高得多。相反，如果商业计划书混乱不堪，路演也毫无吸引力的话，这家公司将来的路很可能并不好走。

要相信，确实可能出现意外之财

尽管大多数初创公司的资金来自创始人、其家人朋友或者早期投资人，但完整的资金来源中，创业者可能还有一种额外的选择。

对初创公司来说，政府给予且不期回报的资金，应该是最接近免费赠送的钱财了。事实上，几乎在所有国家，各级政府都会不同程度地给小公司补助，以支持创业的发展。

在美国，成立于 1982 年的小企业创新研究计划（SBIR），鼓励本土小公司参与到联邦政府有机会商业化的技术研究和研发（R/R&D）当中。[①] 根据美国小企业管理局的说法，这个计划是“通过将优质的小企业纳入到国家的研发体系，促进高科技创新，并且在满足政府特定的研发需求的同时，提升美国的创业精神”。每年，外部研发预算超过 1 亿美元的联邦机构，必须配置 2.5%的预算用于创业公司的补助。

截至本书写作之时，已有 11 个联邦政府部门参与到这个计划当中。小企业创新研究计划帮助小公司开发其技术潜力，并激励这些小公司通过技术商业化来实现盈利。到 2013 年底，总计超过 14 万笔、累计 384.4 亿美元的奖励被发放，其中获得奖励的 2 400 多家公司后来成功获得了风险投资。这项计划的目标有四条：

- 促进科技创新；
- 满足联邦政府的研发需要；
- 培养并鼓励社会和经济上的弱势群体参与创新创业；
- 增加私营部门对联邦政府研发资助下创新成果的商业化。

小企业创新研究计划分两个阶段向公司发放补助。第一阶段提供的资助可达 15 万美元，其目标是帮助公司就拟投入的研发力量，构建技术优点、可行性和商业潜力，从而确定公司实现承诺的情况。第二阶段的资助高达 100 万美元，旨在继续增加研发的

---

① https：//www. sbir. gov.

投入，并根据第一阶段获得的成果和第二阶段拟研发项目的科学、技术优点，以及商业潜力来投入资金。

另外一个与小企业创新研究计划并行的项目，是针对技术转移资助的小企业技术转移（STTR）计划。小企业技术转移计划必须与大学合作，该计划允许项目主要研究人员不必在公司全职工作（这恰好是小企业创新研究计划的要求之一），除此之外，两个计划是十分相似的。

每个计划都由单独的管理部门负责管理，并在征集过程中自主设定研发主题。他们接受来自小企业（指的是少于500人的公司）的申请，竞争获胜的小企业获得资助。有趣的是（并不广为人知）资助的比例为25%左右，这意味着一家有好的研发计划的初创公司，获得小企业创新研究计划资助的概率是获得天使投资的10倍，是获得风险投资的100倍！

每个州和很多当地政府都设立了经济发展部门，旨在帮助新的、已设立的公司启动、发展和走向成功。这些机构提供的服务包括创业建议、培训、员工招聘和培训支持，以及各式各样的融资服务，比如贷款、补助、免税债券甚至是州政府引导的种子投资基金和风险投资基金。这些机构提供了大量的资金和服务，来帮助初创公司顺利起步和成长。

好的，现在你对早期投资流程和融资来源已经有了粗略的了解，接下来我们看一看如何找到这些心思难以捉摸的投资人，并让他们对你的公司产生兴趣。

20

建立投资人渠道

在寻找投资人之前，了解一些创业融资的基本事实是很重要的：

（1）创业者的数量远远多于投资人，结果就是每400家寻求创业融资的公司中，只有一家能够拿到投资（就算是非正式的天使投资领域，成功拿到投资的比例也不会高于1/40）。

（2）因此，从创业者来的角度来看，这样的竞争是相当残酷的。想要变得有竞争力，在准备寻求融资之前，初创公司最好已经万事俱备，无论是产品、团队还是市场影响力。

（3）在这种供需不平衡的情况下，大多数天使投资人和风险投资人往往是被动反应而不会主动出击。他们在寻找新项目上所花费的时间，远远不如评估现有项目的时间多。举个例子来说，一个典型的风险投资人每年能够接触到500个项目，更知名的投资人接触到的项目数接近2 000个。

（4）由于以上原因，天使投资人和风险投资人会用尽各种办法在大量的项目中择优选择。其中一种主要方法就是推荐，这意味着到目前为止，最为有效的接触潜在投资人的方式，就是由一位认识双方，并认为你们之间互相匹配的中间人做推荐。

综上所述，创业者必须认识到解决融资问题并没有什么灵丹妙药。无论你在网络上听到或看到了某些说法，吸引投资人是没有任何简单、快速、确定的捷径可走的。但是，有一些工具和技巧能够提升你的机会，我会在接下来的内容中提到。

什么时候接触投资人？

对于接触潜在投资人的正确时机，我的想法总是随着时间而改变，因为初创公司前进的步伐与发展的水平正在迅速改变和提高。我觉得创业者尝试接触有点头之交的投资人是比较可取的，因为这种私人的关系会让你从许多主动找上门来的融资项目中迅速脱颖而出，而且你也更有可能得到答复。

因此，如果你熟识的活跃投资人，或者你的朋友认识这样的投资人，与他们接触是有意义的。你可以向他们描述你的商业计划，并询问他们是否愿意偶尔见面讨论你公司发展的问题。这是一个很好的建议，可能在某一天给双方都带来好处，事实上这也是我过去常常向创业者推荐的方法。

但话说回来，如果每家想要融资的初创公司都提出类似的要求，我都欣然同意，那我一定是这个世界上最不称职的投资人（以及创业者、丈夫、父亲……）。让我们来做个算术：假设每年有 1 000 家初创公司以某种方式向我做融资推销（数量级上是一个合理的猜测)，考虑到我可能要跟其他不会做融资推销的创业者见面，因此我与创业者会面的次数要乘以 3；考虑这样的会面往往不止一次，所以再次乘以 3。也就是说，每年我会与创业者们会面 9 000 次，平均到 250 个工作日上，意味着每一天我都有 36 次会面（注意：这根本是行不通的）。

基于以上事实，我觉得最好的处理方式是找一个折中的办法。积极融入当地的创业社群，多跑几场科技聚会和黑客节，总而言之就是要多参加一些能够遇到其他创业者和潜在投资人的活动。在你没有完全做好公司融资演示准备之前，不要试着与投资人会面。也就是说，最好按部就班，循序渐进：产品投入市场（至少完成产品原型)；组建好一支团队（至少要有核心成员)；仔细推敲你的财务计划；完成项目融资演示文件，不断修改、排练；最后将所有材料汇集在一起。

现在，与天使投资人或风险投资人的任何一次见面，假设前提就是你在做融资推销，投资人也是这么看的。因此，我相信如果创业者在与投资人见面时做好充分准备，至少投资人在听到一个尚未成型的项目演示时不会那么排斥。

这个观点有悖于风险投资的传统常识（过去我自己推荐的做法，以及现在你从很多投资人那里听到)，但我确实观察到，时机、业务范围和节奏每天都在发生变化，根据你发现的市场机会来调整战略是非常重要的。

怎样接触投资人？

一旦你认为某位投资人（不管是天使还是 VC）将会适合你的

公司（在经过调研之后），你的目标就是想办法让他认识你。

职业人脉网络

社交网络爆发式发展，这就是你的朋友。通过 LinkedIn 这样的专业社交网站，你很有可能找到同时认识你和投资人双方的人，或者知道谁可以帮你们找到牵线搭桥的朋友。以我为例，计算我个人人脉圈的人，再加上与他们有联系的人，总计有超过 2 000 万的潜在创业者能够通过一到两个中间人的推荐，就可以认识我。对于大多数职业投资人来说，一位中间人（或两位）介绍的创业者的陌生来电，他们通常都是愿意回复的。

天使投资人团体

“不要打陌生电话”的策略有一种例外情况，就是一群天使投资人聚在一起成立天使团队（俱乐部），接受创业者的申请。一家这样的天使团体通常会收到很多来自创业者的询问——每月几十甚至更多——大多数团体都有一个层层筛选项目的流程。天使团体的工作人员（如果有的话）会对所有的项目进行一次粗筛，然后由投资人会员组成的委员会筛选，通过的项目才能在天使团体的月度会议或季度会议上向投资人展示。如果你希望让一些天使团体的投资人会员给你投资，就要遵循天使团队项目筛选的流程。

现在有个好消息，能够减轻创业者扩展投资人渠道的负担。全球大多数机构化的天使团体在 Gust 网站上有标准化的展示，并将其作为接受创业者申请的国际化网络平台。整个流程有点类似美国大学的入学申请：你可以在平台上完善公司与投资人关系相关的内容，将信息分享给任何你认为与你匹配度高的天使投资团体。

创业比赛

这些公开活动是另外一种与投资人建立关系的方式。在创业比赛中，创业者向潜在投资人观众做项目展示。但是这些比赛的作用良莠不齐，创业者应当仔细考虑并选择有意义的比赛参加。正如你可能预料的，底线是在这个过程中你必须投入的时间和金钱的价值。

好的活动指的是参加由合格天使团体或者公益组织——比如一些商学院或区域经济发展协会——举办的商业计划比赛。这些比赛通常是免费的，或者只需要 100 美元左右的报名费。这可以是绝佳的机会，让你锻炼路演技巧，从真正的投资人处获得建议，并结识一些创业圈的朋友。

差的活动则是另一种极端，例如那种自称是风险投资峰会的活动，你需要花费 15 000 美元才能做 5 分钟的路演，而听众既没有真正的投资人，也没有媒体（或许有一些为了一顿免费午餐而来的低级员工），这样的活动毫无意义，更像是坑蒙拐骗。

处于两者之间的活动不好不坏，难以抉择。你通常需要支付一笔高昂的入场费（500 美元以上），向一群你并不知道身份构成和质量的观众做展示。其中 80％的活动，资深的圈内人会劝你不要浪费这个钱。但是剩下 20％的活动，可能对你有意义，你值得为这些路演比赛做足准备工作。因此，在参加这些活动之前多向知情人打探消息，例如当地的 VC 机构、导师和其他创业者。

通过中间人联系

一些经纪人或掮客可能会来找你，他们愿意给你做中间人，给你对接一些潜在投资人，并收取一定费用。

职业的早期投资人，包括天使投资人、天使团体的会员、种子基金投资经理和 VC 投资机构，通常不乐意参与由经纪人服务的项目融资。你找经纪人可能有很多原因，但早期投资人通常希望他们所有的现金投入到初创公司，而不是进入中间人的口袋里。在项目源上，他们也有很强的人脉网络，这使得他们更愿意主动出击而不是被动等待。

但是，在私募股权领域情况有所不同，即便是比较早期一些的阶段，经纪人的参与往往是常态，而不是例外情况。而对于一些家族办公室，或是偶尔参与投资的天使投资人来说，他们在投资机会的选择上要被动一些。

总的来说，如果你的公司正在向“聪明的资金”寻求种子期资金，我的建议是最好不要通过中间人。

什么时候该谢绝投资人？

对于 97.5％激情澎湃的创业者来说，什么时候以及如何拒绝一笔投资并不是什么问题，因为他们在初期根本拿不到任何投资。剩下 2.5％的创业者对这个问题就比较苦恼了，因为这似乎违背了创业的第一法则：任何时候的投资都来者不拒。

然而事实上，确实有很多理由要谢绝一些投资意向。

首先，也是最重要的一点，就是投资人是谁。无论怎么强调“聪明的资金”和“好的资金”比“傻瓜的资金”和“坏的资金”有价值，都是不过分的。正如投资人会对初创公司做尽职调查一样，你也应该至少对投资人做同样深度的尽职调查。你应该与相关人士交流（尽可能多地与他们所在公司的 CEO 面谈，最好以陌生电话的方式），多阅读一些关于投资人的报道或者他们撰写的文章。创业者应当与投资人详细探讨以下问题：他们想达成怎样的合作关系？你对于退出和公司长期管理的看法，以及他们为公司的后续融资预留了多少资金。综上所述，找到正直可靠并且与你有强烈化学反应的投资人，这样日后面临艰难的决策时，双方才能有好的感觉。

事实上，所有我认识的投资人和连续创业者在任何时候都会选择聪明的、好的资金，而不是傻瓜的和坏的资金，就算是估值相差了十倍（甚至更多）。这点你可以相信我，毕竟我是过来人，也这么干过。

还有一些谢绝 VC 投资人或其他投资人的原因，包括：

战略性问题。当创业者需要在一位财务投资人（创业投资人）与战略投资人（企业投资者）之间做抉择时，他们往往会发现战略投资人的投资意向更加诱人——更高的公司估值（意味着对创业者股权的稀释更少）、行业经验、对接更广阔的市场，以及在渠道、开发和营销方面的支持。

事实上确实如此，但创业者还需要牢记一些要点：财务投资人的唯一动机是增加所投公司的经济价值（对创业者来说通常是件好事），而战略投资人，从其定义就可以看出，他们还有其他目的（即他们的战略）。有时候，这就意味着在战略投资人参与之后，创业者发现他被迫（或是被敦促）朝着既定方向研发产品、与投资人签订排他性协议，甚至只能在特定城市和人群中开拓市场。我最近被牵扯进了一起悲剧的案例，我的一家投资组合公司，被一位曾是白衣骑士的战略投资强制破产了。这其中的问题倒不是有恶意的意图，而是对创业早期出现的挑战不熟悉所导致。

运营性问题。通过观察投资人在决定投资前与你沟通的方式，你通常能察觉到今后双方的长期合作关系会是什么样的。是不是需要 10 次面谈才能得到投资承诺？在投资决策流程中，他们是否要求审阅大量的资料？他们会不会想和你的所有管理层逐一交流，深挖各种表格数据和财务预测？这些过程是否占用了你过多的时间，以至于对你运营公司的能力造成重大影响？

如果你是一家精益创业、快速发展公司的 CEO，经验丰富，有很多的选择，如果你认为某位投资人给你带来的价值还不如其可能造成的麻烦多，回绝这笔投资是相当合情合理的。

控制权相关问题。每当你以股权换资金时，基本上毫无例外，你要把一部分股东投票权转让给其他人。

对大多数高成长的初创公司来说，为了获得公司成长所需的资金，这是创业者必须做出的选择。但是，如果在是否接受投资的问题上你有选择的机会，而且你更希望像魔王路西法一样“宁可在地狱称王，也不愿在天堂为仆”，那么你大可以拒绝某笔可能的投资。

经济性问题。最后，决定是否接受投资往往会落实到成本/收益分析，也就是风险与收益的评估，说得更直白、实诚一些，就是恐惧和贪婪的较量。接受投资，就意味着同意把公司未来可能获得的收入与他人分一杯羹，从而避免公司陷入资金干涸的境地。

如果你是那种万里挑一的优秀创业者，自力更生就能让公司实现盈利，你也许可以拒绝投资，自己独自享受所有回报。或者，你也可以等到公司发展更成熟一些之后再接受投资，到那时，如果你的公司估值已经足够高，那你在创业初期最早的时候，采取精益创业模式、接受一笔微不足道的资金的做法就是值得的，因为这对你经济价值的稀释更小。

向投资人做项目演示所需要的材料

由于天使投资和风险投资（不包括在 JOBS 法案条款Ⅲ中认可的股权众筹平台上的投资，我在第 21 章会详细讨论）仅限于合格投资人，针对公开股票交易的注册要求对这类投资交易是豁免的。如果你的公司正在寻求天使投资，你并非必须准备详细的规范资料（即私有股权募资说明书），而这些材料在你向非合格投资人募资时是必须准备的。

因此，并没有法律规定你需要向潜在的天使投资人提供哪些材料。与此同时，在决定投资你的公司时，也没有对天使投资人有任何要求。

正因为如此，同时考虑到早期投资的风险特征，创业者通常会给潜在投资人提供他们要求的任何资料。作为一位投资人，我敢保证，如果有创业者拒绝提供我想要的任何资料（比如股权结构表、客户名单、财务预测报表等），我绝对不会有兴趣投资。

尽管在对公司进行尽职调查时，投资人可以要求查看几乎所有的资料和信息，但下列这些基本材料是你在寻找潜在投资人时要准备的：

书面文件

- 一页纸的简介/融资概要

■ 一份 2～3 页的执行摘要

■ 一份用于提交审阅的 PPT

■ 一份缜密完善的商业计划书，要么是按照第 1 章的方式详细准备和备注的商业模式画布，或者是一份更传统的、按照第 2 章的精益商业计划方法编写的 10 页以上的书面计划书

■ 一份营销手册的终稿（或者草稿）

现场融资演示

■ 一次 5 分钟的简短演示

■ 一次 15～20 分钟面对投资人/VC 的 PPT 融资演示

■ 一次 15 分钟以内的产品/网站展示

线上材料

■ 已经上线的公司官网

■ 一份简短的视频简介

■ 精心准备且受控访问的投资者关系网站

财务摘要

■ 迄今为止的财务信息

■ 融资后 3～4 年的财务预测

■ 运营预算、收入预测以及资金需求

当然，你提供的财务预测里会包含高度的不确定性，甚至部分猜测的内容，资深的投资人完全能理解。但是你的财务预测越详尽，整体上你的商业计划就显得越可靠，那么投资者就越可能有信心把他们好不容易赚到的钱投给你。

项目演示

在上述的所有材料中，你和你的潜在投资人花费时间最多的

大概就是大名鼎鼎的项目演示材料了。项目演示材料有多种形式，最常见的是用微软 PowerPoint 制作的在电脑上演示的 PPT。其他常用的工具包括苹果的 Keynote、谷歌的 Slides、Adobe 的 Acrobat 和 Prezi，Prezi 是一款能够支持线上和线下版本的互动演示工具。最近新上线了一个专门用于融资项目演示的网站，网址是 SlideMagic. com，这个网站是一个基于云储备的应用，提供简洁的幻灯片模板，能够满足创业者完成一个经典、专业的融资演示的全部需求。

有很多书籍介绍过如何完成一次优秀的融资演示，例如加尔·雷纳德（Garr Reynolds）的《演讲之禅》（*Presentation Zen*）、南希·杜瓦特（Nancy Duarte）的《幻灯片学》（*Slide：ology*）和杰瑞·威斯曼（Jerry Weissman）的《演讲制胜》（*Presenting to Win*）。对于那些想要快速、免费学习如何给 VC 做融资演示的创业者，我推荐你们观看我关于该主题的 TED 演讲，目前这个演讲已经被浏览了大约百万次：http：//www. ted. com/talks/david_s_rose_on_pitching_to_vcs。

21

股权众筹及网络平台

想必创业者们都知道，通过一些知名众筹平台可以在网络上筹集资金，你可能也想知道这些平台是否能为初创公司筹集资金。在众筹模式下，支持者们为他们相信会大获成功的项目提供资金，并获取一定的收益或奖励作为回报。

要明确的很关键一点是，2003—2014 年期间，美国传统线上众筹平台的投资人用户并不能购买公司或项目的所有权，也不会因为某家公司或项目的成功而获得任何收益，除了筹款人承诺的产品或感谢礼品。

还有一种利用网络平台的 P2P 借贷，常常与众筹混淆。与众筹一样，P2P 借贷也不是一种权益投资，因为债权人并没有获得公司的所有权收益（以及对利润和亏损的分担）。相反，他们只不过是以固定利率把钱借给特定的人。

由于这些明确的条款限制，创业者并不能通过 Kickstarter 或其他传统众筹平台来为公司募集权益资本。但是近年来，这些限制正在被逐一打破。

JOBS 法案

2012 年 4 月 5 日，美国前总统巴拉克·奥巴马（Barack Obama）正式签署了《创业企业促进法案》。这部“2012 年 JOBS 法案”，堪称里程碑式的立法，由三个主要部分组成。

第一部分，第一章，公司更容易让自己在更长时间处于私有状态，并在以后时机合适的时候再上市。第一章的条款在总统签署法案之后立即生效，对后期成熟的私有公司带来了重要的影响，但对于初创公司影响甚微。

第二部分，第二章，首次允许初创公司公开宣传其寻求融资的消息——相当于打开了线上股权融资的闸门。尽管初创公司仍然只允许接受合格投资人的投资（除了住宅之外，拥有超过 100 万美元资产的人，或是年收入超过 20 万美元的人，或者夫妻双方年收入超过 30 万美元），但现在他们不必与天使团体在闭门会议中寻求融资了。第二章于 2013 年 9 月 23 日生效，已经对初创公司融资产生了相当大的影响，因为可以让这些公司通过网络平台公开寻求融资。

最后，第三章，经过了 4 年多的时间，才于 2016 年 3 月 25 日最终完全生效。首次允许非合格投资人通过受严格法规监管的新型网络平台，合法参与创业公司的投资。

合格投资人投资平台

现在有数以百计的网站，宣称能为创业者和投资人提供接洽的渠道。然而，正如前面的章节所说，为一家初创公司融资的过程没那么简单，标榜自身能够提供渠道的网站和真正能够提供渠道的平台是截然不同的。

至少有数十家合法正规的网站，能够为正在寻找融资的创业者提供帮助。创业者在与平台接洽时要做好充分准备，毕竟天下没有免费的午餐。事实上，网络平台的挑选标准和一些天使团体、个体投资人几乎一样高。只有一小部分公司能够被选中并在平台上获得展示机会，但并不是所有展示的公司都能成功筹到钱。记住以上我所说的，接下来我们将介绍截至 2016 年中期出现的一些网络融资平台。[13]

网络股权众筹是一个新兴的行业，所有这些平台、运营模式和收费模式仍旧处于不断变化之中。上述的每个平台基本上都促成了超过 1 亿美元的投资，拥有相似规模的投资人基数和项目筛选标准。

Gust 是成立时间最早、规模最大的对接创业公司与投资人的网络平台，到目前为止，已经为来自 190 个国家的 35 万家初创公司对接了来自 750 家投资机构的 5 万名合格投资人，总计促成了超过 10 亿美元的投资数额。作为 Gust 的创始人，我对这家平台的看法自然不够客观，我会把对它的讨论放在本书结尾处，供读者自由选择是否阅读。

当你想要与一家股权众筹平台合作之前，应当花时间仔细思考所有与公司有关的信息（我在第 1、2 章讨论过）。然后，慎重认真地描述公司的情况。毕竟，你在试图取信于投资人，让他们给你数万——甚至数百万——美元去实现你的愿景。这难道不值得付出数小时甚至是数天的时间和努力吗?

当你在 Gust 或者 AngelList 这样的开放平台上展示你的创业公司，或是在申请加入上述股权众筹平台时，一定要学会充分利用平台提供的工具来宣传你的创业故事，如同我在第 7 章所介绍的。我经常受到各种项目介绍和申请表的狂轰滥炸，内容简单、数据不完整、拼写错误等各种错误让我烦不胜烦。

鉴于这些平台网站的融资属性，大多数创业公司的网络简介会由两部分组成：一部分公开的和一部分私密的。前者的目的是帮助公司获得最大的曝光度，后者则为想要进一步跟进的投资人提供更多深入的信息。公开的介绍需要包括公司的全部非保密的、可能吸引潜在投资人兴趣的信息，而私密的介绍应该包括公司完整、准确的详细信息，让领投人有意愿跟你来一次面对面的交流。

有些公司简介能够吸引众多潜在投资人的注意，绝大多数效果良好的简介往往具有一个共同点：一份杀手级的视频。当创业者向市场推销其公司或项目时，一个好的宣传视频实在是太重要了。事实上每个在 Kickstarter 上获得成功的、大的项目都有一份非常精彩的介绍视频，现在这种方法在股权众筹平台上也开始流行起来。不是说要你坐在网络摄像头前读一份准备好的演讲稿，这样可能还不如没有视频。要想拍出一份与那些最成功的项目水准相媲美的专业宣传视频，需要花费 5 000～10 000 美元。幸运的是，随着技术的快速发展，现在只要动动手指（再加上电脑、智能手机、网络）就能制作出一段精美的视频，而且成本几乎为零。创业者要做的，就是愿意努力学习如何使用这些工具。

非合格投资人股权众筹平台

在过去几年，JOBS 法案第二章的实施让股权众筹平台变得越来越重要，在本书发行的时候，正逢 JOBS 法案第三章的正式实行。第一次允许“大众群体”——即非合格投资人——给私有公司投资，比如你的初创公司。为了延续过去 80 年来对该领域的严格监管，JOBS 法案对每年可参与这一类型融资的公司数量和可参与投资的非合格投资人数量，都做了相当严格的限制。

对于想要依据 JOBS 法案第三章参与股权众筹的公司，其在 12 个月内的融资额不得超过 100 万美元，而且公司融资的事务必须通过持牌经纪人/交易商实施，或者由依据 JOBS 法案第三章所设立批准的特定股权众筹平台实施（也就是说，不是上述平台）。此外，公司还需要向证监会提交表格 C，具体内容包括：资金用途、融资数额、定价、公司介绍、公司董事及高管的姓名及简历、持股超过 20%的股东信息、公司债务、风险提示、转股限制、财务数据，以及一些其他公司相关情况。

与奖励性众筹或依据 JOBS 法案第二章面向合格投资人的股权众筹平台不同，依据 JOBS 法案第三章的股权众筹对公司的宣传和推广有相当严格的限制。参与此类股权众筹的公司只能通过平台做官方指定的发行，不能指望通过横幅广告和海量邮件进行相关推介。

最后，如果你想要参与 JOBS 法案第三章规定的股权众筹，你需要清楚一点，尽管它打开了一扇通向更多潜在投资人的大门，但也不可避免地存在一些副作用。法案第三章要求融资公司的财务报表按公认会计准则（GAAP）的标准准备，这往往需要额外的工作，另外公司还需要向证监会提交公开年度财务报表。如果融资金额在10万～50万美元之间，公司的财报需要经过注册会计师审阅；如果融资金额在50万～100万美元之间，公司财报需要经过注册会计师审计。这些琐碎的要求往往让创业者犹豫再三，是否要选择法案第三章的融资路径。

另一方面，法案第三章也对投资人提出了超寻常的限制要求。比如，对于年收入或净资产低于10万美元的大众投资人，他在12个月内对任何公司的总投资额不得超过其年收入的5%或净资产的5%；对于年收入或净资产高于10万美元的投资人，其投资限额为不得超过其净资产或年收入的10%。鉴于这些对融资公司、投资人以及平台的繁杂要求和限制，JOBS法案到底会对初创公司的股权众筹产生多大的影响仍不明朗。

混合型投资平台

混合型投资平台的出现是一个有趣的新情况。这些网络筹资平台分别符合JOBS法案第二章和第三章的相关规定，提供融资服务。这些网络平台为那些具备潜力的初创公司提供了丰富的融资渠道和来源。如此一来，一家初创公司可以从亲朋好友那里获得最初的资金，然后依据法案第三章的规定，从少量非合格投资人那里获得小额资金，接着依据法案第二章的规定，向合格投资人众筹一定规模的资金，并最终与专业的天使投资人、VC基金和机构投资人完成一轮大额投资。

22

完成投资条款谈判及投资人尽职调查

在第 19 章中，我已经提到，领投人的一个重要职责是与初创公司的创始人就投资协议条款进行谈判。理论上来说，协议条款可以写成这样："这里有 100 万美元给你用；将来等公司大获成功了，请把我们投入的资金回报给我。"不幸的是，事情的发展通常不按常理出牌。

股权投资的不同类型

正如第 9 章所讨论的，一家公司成立之初，其所有权被划分为众多份额，称之为"普通股"股份。这些股份由创始人持有，因此也被称为创始人股份。

还有一种不同的股份，投资人可选择购买，我们称之为“优先股”。优先股的名称听上去似乎要优于普通股，但优先并不意味着本质上更好，而指的是种类上的差别。原因如下：

当面临公司价值变现的时候（退出），与创业者和投资人在最初投资时商定的估值相比，变现所得的现金可能要多一些或少一些。这时两种类型股份的差异性就显得尤为重要。

优先股要先于普通股得到偿付——但偿付的金额仅与最初投入的金额相同（也许再加上一些分红，起到利息的作用）。与之相反，普通股只有在所有优先股完成偿付之后才能得到偿付——但能够从剩余的所有价值中按比例分配。

这就意味着，作为投资人，如果公司最终大获成功，他肯定希望持有普通股（因为你分配的是提升的价值），而如果公司最后被低价贱卖，他会希望持有优先股（有机会在创始人获得任何回报之前拿回自己的资金）。创业公司的投资人认购时通常采用一种混合型的股份，称为“可转换优先股”，使得他们确保鱼和熊掌兼得。

可转换优先股的主要特点在于，当公司发展形势乐观时，投资人可以将其转换为普通股，所有人皆大欢喜。

如果公司发展形势不乐观，则采取另一种策略：公司获得的现金，先偿付投资人的原始投入资金，如果有剩余，再偿付给普通股持股人。这实际上就是追溯性地调整了创始人贡献的名义价值。

基本上，创业公司设置不同的所有权类别，是为了确保创始人与不同时间、不同条件下进入的投资人之间，在风险和收益上做到匹配。由于普通股和可转换优先股是两种不同类型的股份，公司可以（通常也会）修订其章程和各类文件，针对不同的股份类型，赋予不同的权利和特权……对投资人来说，通常是保护性条款的形式。

我在附件 D 中提供了一份可转换优先股条款清单的范例，备注中对每一条款都详细解释了其含义，以及你为什么应该予以关注。

债权融资

出售股份并不是唯一的向投资人融资的方法，创业者还可以通过借款的方式来启动创业。

债券

债权融资和股权融资的核心差别在于，创业者要归还固定的回报给投资人，无论公司经营情况是好是坏，而出售股权给投资人，就是发展了一位合伙人，归还给他的回报是变化的：既可能一无所有（如果公司关门），也可能数以亿计（如果公司最后非常值钱）。

债权融资对贷款人的好处主要是享有确定的回报，对借款人的好处主要是在公司实现增长的情况下，无须出让任何增加的价值。但早期投资人对低回报的普通债券往往不感兴趣，相反，他们更倾向于拥有创业公司的部分股权（以及今后的成长潜力），这也是为什么投资人愿意参与初创公司的早期融资，并承担相应的风险。

但是，为了避免股权融资的成本和复杂的文件（比简单的债权融资复杂得多），又能让投资人有机会参与公司未来股权增值的收益，现在早期投资人的一种比较常见的做法，是通过混合投资工具给创业公司一笔贷款，即“可转换债券”（这里的专业术语“债券”是用于设置贷款相关条款的文件）。

可转换

可转换债券约定，天使投资人可以在未来的某个时点，将债券转换为等价现金，并以此购入公司的股份。这种方式对于公司和投资人来说，有用、快捷并且成本低，但也会把事情搞得比较复杂。原因如下：

如果投资人以贷款形式给你的创业公司投入 10 万美元，你需要讨论的唯一问题是贷款到期归还之前，公司需要支付给投资人的利率。另一方面，如果投资人以股权形式给公司投资 10 万美元，你需确定投资人的投资可以置换成公司所有权的比例。要知道结果，我们使用以下数学等式：

$$\frac{\text{投资金额}}{\text{公司估值}}=\text{投资人的持股比例}$$

只要知道等式中任意两项，就可以计算出剩余的一项——上述假设中，既然投资人投入的资金（10 万美元）是已知的——要计算投资人在投资后的持股比例，你和投资人只需要就他在购买股份时公司的估值达成一致即可。你将与投资人进行谈判，达成让双方满意的估值数字。然后投资人给你钱，你将公司对应的股份给他，交易完成。

而通过可转换债券的方式融资，做法就不一样了。你现在是向投资人借钱，但清楚的一点是，投资人在未来某个时点会将债券转换为等价的股份。

由于转股的事情将会在未来发生（但你是在现在拿到现金），在投资人把钱给你之前，你现在需要搞清楚一些事情。比如，你需要决定（1）债权转换成股权的时间，以及（2）转股时公司价值如何确定。

上述两个问题的答案是一样的：你和天使投资人需要等一位更大、更资深的投资人——比如一家 VC 基金——愿意购买公司的股权。这时，债权转换成股权（回答问题 1），转股时所依据的估值与新投资人接受的估值一致（回答问题 2）。

价格折扣

到目前为止，一切顺利，但你还要解决一些问题。事实上，天使投资人是在你的公司无人问津的时候愿意给你投资，然后你（希望）用这笔钱帮助公司实现价值的提升（从而获得其他投资人更高的估值）。尽管这个结果对你来说是件好事，但对于最初投资人来说，他一方面承受了公司早期的风险，一方面获得与后期投资人相同的回报，这是相当不公平的。

为了解决这个问题，你要答应最初投资人，他转股时所依据的估值会在其他后续投资人估值的基础上打一个折扣，这就是我们称之为“折价可转换债券”的原因。折扣的比例通常是下一轮融资价格的 10%～30%。

估值上限

好吧，这样就好多了。但是尽管折价可转换债券听起来更公平，但实际上并非如此（至少谨慎的投资人不这么认为）。因为创业者借助最初种子资金把公司的价值提升的事情做得越好，下一轮融资时公司的估值就越高。很快，第一位投资人获得的微不足道的估值折扣就显得不那么公平了。打个比方，如果一位投资人最初给你的创业公司估值 100 万美元，而现在公司成功发展到一定阶段，投资人给出的估值是 500 万美元，这就意味着创业者凭借投资人最初的种子资金将公司的价值增加了 500%。

如果公司发行的可转换债券约定，持有者可以按 500 万美元估值折扣 20%转股（计算一下，即 400 万美元），那么投资人做了一笔不划算的买卖。何以见得？因为投资人是基于公司 400 万美元的估值购买公司的股份，而最初他承担风险为公司投资时，公司的价值只有 100 万美元。

行业内通常是这么解决的："看在天使投资人进入特别早的份上，无论下一轮的估值是多少，他们都能够获得 20%的价格折价。不仅如此，可转债持有人在执行转股权时，所依据的公司估值不得超过 100 万美元"。这个数字就是所谓的"估值上限"，因为它设定了可转债转股时的最高价格。这种可转债也被称为"附带估值上限的可转换债券"。

创业公司融资方式的变化

过去 20 年来，种子/天使的投资交易结构在不断变化，从普通股（1990 年代中期），到可转换债券（1990 年代末期到 2000 年代早期），到完全 A 轮可转换优先股（2000 年代中期），到附带估值上限的可转债（2000 年代末期），再到种子轮可转换优先股或类似的结构（当下）。这种变化的态势体现出投资人和创业者的不断成熟，多样化的交易结构选择及其优劣正被大众所关注和检验，以及针对不同的选择，有越来越多的模板文件和网络工具可以使用。

SAFE 融资

2013 年底，业内领先的创业孵化器公司 YC（Y Combinator）推出了一种名为“未来股权简单协议”（SAFE）的投资架构。SAFE 本质上并不是债务，具有可转换债券优点的同时也避免了一些缺陷。YC 在网上开源了交易文件，并发布在网站上：http：//ycombinator. com/safe。近年来，SAFE 找到了一个非常细分的市场，在初创公司的早期小额融资中被广泛应用，尤其是种子轮投资人愿意等待下一轮新投资人的进入来对他们的投资进行保护。在实践中，一些炙手可热的创业公司融资（比如 YC 孵化的创业公司，吸引投资人的数量超过公司的需求，公司掌握了协议条款的主动权）或是亲朋好友的融资轮（以简单为首要目标）尝到了甜头。迄今为止，SAFE 融资还未被天使团体或财务型天使投资人采用，他们是主动领投天使轮的投资人。

投资协议条款清单与交割

所有针对初创公司的投资，都需要依据一系列详细的法律文件，其中明确了交易各方关系中的所有事项、价值交换的条款，以及所有参与人的权利与义务。法律文本的篇幅长度，从简单、非可转债融资的 3～5 页纸，到可转换优先股融资的 120 页甚至更多。因为这些都是法律文件，将由创业者和投资人双方的律师来处理，他们一起协商，并最终达成一致意见。

这一系列法律文书的内容，将会被精简成一份简练短小的文件，称为“投资协议条款清单”（通常是一到十几页纸不等，取决于投资的类型）。投资协议条款情况可以看作是一种简单易懂的方式，将需要很多篇幅描述的法律条款的主要内容浓缩成一份清单。它涵盖了投资交易双方关注的所有要点，能让双方快速决定是否要参与投资交易。

投资协议条款清单通常（并非一定）由投资人起草，提交给创业者时通常会注明有效日期。如果创业者在有效期内签署了，投资交易将往前推进，双方律师将就最终交割需签署的文件进行反复的磋商。或者，创业者也可以对投资条款提出异议，例如要求更高的估值，或是更多的投资额，或者其他要求。在这种情况下，又轮到投资人做决策，他要么干脆退出，要么根据创业者提出的条件修改投资协议条款清单。

投资人把签署过的投资协议条款清单提交给你之后，直到有效期结束之前，这段时间对所有人来说都相当关键。只要还没有在协议清单上签字，你都可以大胆地利用这份条款为自己争取更多的权益，例如拿着这份清单到其他潜在投资人面前：“看，这份签字的条款清单是汤姆给我的，迪克你要不要考虑跟投或者加价？你也知道的，我还在跟哈里谈，他也对我的公司很感兴趣。”

尽管现实中不会真的出现这种情况，但我敢保证融资的金科玉律（从创业者的角度来说）就是要手握多份投资协议条款清单，再从中选择。在早期阶段的融资中，市场竞争是主要的推动力，一份投资清单往往会吸引其他更多持观望态度的潜在投资人的兴趣。

考虑到你有可能（甚至很可能）会拿自己出具的投资协议条款清单四处兜售，作为吸引其他投资人的诱饵，投资人通常会尽把条款清单的有效期设置得尽可能短。在大多数情况下，真正对公司感兴趣的投资人会跟你进行多次会谈，来确定你愿意接受的条款范围。他们也可能会选择给你一份没有签署的、没有绑定约束的条款清单草稿，来征求你的意见和反馈。当投资人给你出具一份已签署的投资协议条款清单时，你通常只有 1 到 3 天的时间来考虑是接受还是回绝。

一旦你接受并在条款清单上签字，不论是从法律上（至少是部分条款）还是道义上，代表双方已经绑定。如果任何一方在没有正当理由的情况下，放弃执行一份签署的条款清单，业内会有传言出现，这会造成长期的不良影响，包括你或者投资人的名声受损。

当双方都签署了投资协议条款清单之后，律师们将开始起草本轮融资的完整协议文本。其中一位律师（通常是制定条款清单的那位）将负责基本的文本起草工作，其余负责审阅和建议，尽管大部分法律文件是按照行业的标准模板拟定的。实际投资打款的时间，取决于本轮融资的性质。如果是亲朋好友轮融资，他们答应之后你可能就会收到钱了；如果是传统的天使轮，你需要设定一个融资的目标金额范围，以及完成交割需要达到的最低金额。一旦达到最低的融资金额，就开始进行交割流程，所有的款项交付给公司。

过去，交割的过程需要来来回回地传递签名文件，通过隔夜快递服务将支票寄送给被投资公司的银行。现在，完全的电子化/数字化交割已是趋势，各方通过电子签名的方式完成交割文件的签署，资金也将通过网络方式汇入公司的银行账户。

第三方托管

涉及多位投资人参与的大规模融资轮中，资金会被要求存入第三方托管账户，主要是因为，有的投资人希望在公司确信能够融到足够支撑公司发展所需的全部资金之后，才参与投资。否则，如果资金是分期分批打入公司账户，公司在发展的过程中，可能遭遇资金链断裂，然后倒闭。因此，事实上投资人是这么想的："我把资金交给你的律师（或一个网络平台）做托管，这样你就知道你能收到我的资金，但是在你成功融到公司所需要的全部额度之前，不能动用这笔钱。"

多位投资人同时参与投资的另外一种情形，就是所有人都想跟其他人同时投资，但逻辑上，投资文件的签字时间会有先后，即便在最后一分钟，投资协议也可能会修改。因此，每位投资人签署文件，并将资金存入第三方托管账户，直到公司收到所有投资人的确认，交割才算完成。

尽职调查

在完成一轮融资交割的过程中，投资人会要求你提供与公司相关的重要、详细信息——通常比做融资演示时所提供的材料要多。"尽职调查"指的就是投资人对被投公司所介绍的所有事项进行全面且深入的核查工作。

开展尽职调查的详细过程可能不尽相同。针对合格投资人的融资轮，没有法律要求你提供招股说明书或披露时间表。因此，天使融资轮中也很少要求提供这些文件。

然而，一些严谨的投资人在融资交割前，会给你出具一份尽职调查请求，其中注明公司需要提交的清单列表和时间进度。被投公司需要提供多少材料和信息，取决于融资的规模大小、投资人的数量和专业程度（以及投资人律师的费用预算），可能仅仅只是一份商业计划书和演示幻灯片（适用于非正式的种子轮），也可能需要大量冗杂的相关资料（适用于后期大机构参与的 VC 融资）。附件 B 提供了一份完整全面的尽职调查资料清单的范例。

交割文件通常包括陈述和保证条款，要求你对着圣经宣誓（基于严厉的经济惩罚措施），承诺你向投资人陈述的所有信息都是真实的，包括这样的承诺："我们拥有所有的代码"和"公司是完全合法经营的"。可以看出，通过尽职调查的第一和最重要原则：讲真话，毫无保留地讲真话，而且只讲真话。

大多数投资人深谙一点，尽职调查对于最后获得财务成功是至关重要的。他们相当重视这个过程，同时也希望即将成为未来合作伙伴的创业者也持同样重视的态度。

尽职调查涵盖的范围

在尽职调查过程中，投资人通常关注的事情可以归为以下三大类：

市场尽职调查针对你即将进入的行业，投资人对于你和公司所陈述的相关事项，进行独立的审查。投资人希望核实市场的规模、市场中现有的竞争者，以及市场的整体趋势会对公司的产品和服务规划蓝图产生什么影响。投资人会通过网络搜索、跟业内人士访谈以及审阅研究分析报告等方式来进行这项调查工作。

业务尽职调查针对公司的运营情况，投资人对于你和公司所陈述的相关事项，进行详细审查。审查的范围包括你的客户、收入及开支、你和公司其他创始人的背景情况等。为了完成这项调查，投资人可能会致电公司的一些客户，证实他们确实是你的客户，并且对你的产品或服务感到满意。另外，他们会审阅公司的财务报表，还会通过跟你之前的同事交流的方式，抽查你职业背景中的一些详细情况。

法律尽职调查会关注你公司的股权结构、文件资料和发展历史，以确保每一事项与你的陈述是一致的。投资人最不想见到的事情，就是融资交割之后，发现公司的全部源代码事实上归属于一位外部程序员，因为你作为公司的创始人，从来就没有真正获得过其所有权。鉴于法律尽职调查是事实调查，可以通过文件作为证明，这些繁杂的工作大部分可以交由双方的律师来完成。

23

及时并持续从投资人那里获得最大的支持

当你成功聚集了一批对你公司的未来抱有信心的投资人，并且通过给你提供资金的方式表达了他们的信心，那么你已经处于一个幸运的位置——大多数永远不会走到这一步。

尽管这是个好消息，但仍然伴随着一些新的挑战。其中主要的一个挑战对双方而言是显而易见和容易低估的——即让投资人们积极地参与到公司的发展过程当中，充分利用他们提供的睿智和洞见的同时，还不能放松公司的日常运营工作。

假设你有幸获得了一批天使投资人的支持——无论是通过一家机构化的天使团体一起来的，还是你单独一对一融资演示说服的。现在你也许有 5～25 位合伙人，每个人都经过深思熟虑，谨慎地从钱包里掏出 1 万～10 万美元不等，把希望寄托在你身上。

好的一面是，你现在有了 5～25 个聪明、关系紧密的人支持你，并且愿意为你未来的成功买单。如果你能正确处理投资人关系，提前理清双方关系的预期，那么他们将成为你一笔重要的资产，可以给你推荐资源、建立人脉、提供建议和推进后续融资。

不太好的一面是，你现在要面对同样一群人，他们合法拥有了解公司所有运营细节的权利，你作为受托人还有义务保护他们的资金安全，并让他们了解情况。尽管通常来说这都能顺利进行，但我也见过一些例外情况，有的小投资人不停通过电话提出疑问、对公司运营指手画脚，最终惹恼公司的 CEO，成为让创业者避之不及的讨厌鬼。

解决的方法其实很简单，只要你能够理解投资人对公司的关心和行为方式，并给予应有的重视。

与投资人打交道的最佳方式

领投人是关键。领投的天使投资人通常是你董事会中的一员，你要确保与他保持良好的合作关系。在一轮天使融资中，其他跟投人可能不都是由领投人介绍过来的，但尽量在一开始就确定由领投人作为你与所有其他投资人接触的主要的接头人。千万不要顾此失彼，忽略了与其他投资人的交流。这会释放一个不好的信号，跟完全不沟通几乎一样糟糕。

与所有投资人及早、经常和充分沟通。如果你与投资人签订的投资协议中约定按季度给投资人提供财务报告，那么照做！与此同时，记得在财务报告中附上一份管理层称述，解释公司真实发生的情况。尽管所有我参与投资的公司，我都要求他们提交季报或年报，但事实上不提交报告的公司数量多得惊人。作为一位投资人，我可以保证不会再给这些公司多投一分钱，另外，当我有一些好的机会需要分享的时候，也不会首先想到他们。

善用投资人关系平台来管理所有投资人的材料、报告和最新联系方式。对于机构化的天使团体，有可能已经在使用这种平台进行内部协调。如果你的投资人自己没有类似的平台，你就应当主动寻找合适的平台，让你与投资人的沟通过程更加流畅。可以是简单的谷歌群组邮件列表，或者像 Gust 这样的综合平台，但无论如何都要坚持的一点是让双方的沟通保持通畅。一些专门提供此类服务的平台有 Venture360、Seraf 和 AngelSpan 等，还有一些通用功能的沟通工具，比如邮件列表和社交网络群组。

定期组织电话会议是一种极好的方式，让你的早期投资人保持对公司的关注，并让他们有机会提出问题。无论投资人最终是否参加了电话会议，你邀请他们参加这个事实本身就是一个加分项，会让他们对你有一个良好的印象。我曾经投资过的一家公司，在六年多的时间里，坚持邀请公司的早期天使投资人参加季度电话会议，尽管到了第二年就几乎没有人能够坚持参加了，但每位投资人只要愿意就可以参与，他们对此倍加赞赏。从我个人的体验来看，季度会议可能会太过频繁，半年会议是最佳选择，而年度会议是最低要求。

有需求的时候，记得向投资人寻求帮助，包括人脉推荐、销售线索、团队成员等等。大多数创业者往往会在这个时候掉链子，要知道这些投资人可是要从你们将来的成功中获得收益的！尽管大多数情况下，投资人可能帮不上忙，但是即便每位投资人只能给你一个介绍或推荐，你就会领先一步。我是一家超级天使投资基金的合伙人，这家基金的竞争优势，就是所有的投资合伙人每个季度都要与所有被投公司的 CEO 开电话会议，并询问他们需要投资人提供哪些推荐。可能有的创业者会觉得这样对公司不一定有利，但按季度发送邮件与投资人沟通（或者在投资人关系平台上发布需求）是最基本的。

如果你的创业公司是有限责任公司的法律架构，**要适时给投资人提供 K-1 表格报税，**这么做可能显得有些铁石心肠。对于 C 类股份公司架构并发行股份的创业公司来说，这一条并不适用。但如果你是有限责任公司或合伙企业，你的投资人如果拿不到需要的信息，就不能及时报税，这是投资人上一年度从你公司实现收益或亏损的官方缴税规定，即 K-1 表格。

确保文档和记录的准确性和实时性。除了法律文件、合同、租约和专利保护文件，还包括期权计划表和 409（a）估值文件。这样，当投资人需要相关信息进行投资组合估值计算的时候，你能够快速专业地答复。在很多情况下，他们这么做是因为法律或证监会的要求，因此你需要给他们提供所需的相关信息（在他们签署保密协议的情况下）。随着服务投融资双方的会计和股权平台的网络化和协作化，这个过程变得更加简单方便。

从一开始，**就要明确你期望从投资人那里获得什么，**再向投资人承诺定期进行沟通，从而约定他们理性沟通的边界。这是一种在一对多的关系中，唯一可行的处理方式。

当投资人要求太多时该怎么办

有时候会出现一种情况，一位或多位投资人可能变成了创业者的一个棘手问题。你的某一位投资人可能占用了你太多的时间和精力，提出一些不切现实的要求、没完没了的问题、毫无用处的战略建议，以及错得离谱的质疑。当发生这种情况时，如果你已经与了解情况的其他人确认过你的观点，你可能需要采取以下步骤来解决问题。

第一种方法是寻求中间人的帮助。你的公司有董事会吗？董事会里有投资人代表吗？或者如同我之前提到的，有一位跟你关系不错的领投人吗？你可以寻求其中的一位充当这个角色。有时候，通过旁观者来解决问题，能够帮助双方平息情绪，起到大事化小、小事化了的作用。

如果上述方法不便执行，或者尝试之后发现不起作用，那么你可以给所有投资人发一条信息，内容可以参照以下这篇（这是我曾经向一位创业者推荐的办法，帮助他搞定一位令他焦头烂额的投资人）：

> 致公司的投资人：
>
> 鉴于公司创立和种子期融资情况，我们十分有幸能得到诸位优秀且有增值服务能力的投资人支持。随后，我们与投资人之间建立了一套几乎前所未有的沟通制度，包括每周报告、月度面对面沟通以及频繁的日常电话交流。
>
> 这对于公司的成长大有裨益，我们也希望在公司的持续成长过程中，能够与投资人保持高频率和定期的沟通。但是，我们公司现在正处于运营的关键时期，我需要专注于打理公司的业务，而无法再像之前一样每周花费一整天的时间与各位优秀的投资人进行电话沟通。
>
> 因此，从这周起，我们的投资人沟通将只保留周报和月会。当然，如果有任何紧急的事务需要您的建议，我会立即致电您。如若不是，我真诚地希望得到您的支持，允许我全身心地投入到公司的运营当中，从而提升您投资的价值。

再次真心感谢您的支持！

CEO 约翰・多伊（John Doe）

在这之后，你无须再接听那位要求过多的投资人的电话。

寻求追加投资

你能否成功地吸引当前投资人继续参与下一轮融资，将受到下列因素的影响（重要性排序是基于我投资了超过 100 家创业公司后得出的经验）：

（1）公司当前的运营状况；

（2）你之前对待投资人的态度；

（3）新一轮融资的估值和上一轮估值的比较；

（4）新一轮融资的条款变化，包括任何约束和激励的条款；

（5）每位投资人的流动性情况（即当前他可用于投资的现金有多少）。

尽管大多数新手投资人（为公平起见，很多资深的投资人也是如此）都希望在签完一次支票之后，就能坐等你的公司上市或被收购，但在现实世界中，大多数初创公司需要后续额外的融资。当这种情况出现时，你手头不会立即出现太多其他资金来源，因此你毫不意外会把目光转向你之前的天使投资人。基于以下几点，后续追加投资变得非常重要。

后续追加投资指的是当前投资人再次给你的创业公司投入一笔额外的资金，根据具体情况，可以通过多种不同的架构（内部/外部、溢价/降价/平价、过桥贷款/股权等）。但是，总的来说，投资人会从上一轮投资中获取经验和提示，包括估值。如果你之前完成的是一轮 A 系列可转换优先股融资，多位投资人一共投入 500 万美元，现在其中一位投资人追加投入 200 万美元，此时的追加投资架构可以参照以下任意一种方式：

■ 所有当前的 A 系列优先股投资人、新参与的投资人以及公司，可以一致同意再次开启 A 轮融资，以相同的估值出售相同类别的股权给投资人。考虑到这两次投资之间的时间间隔，后续追加投资可以看作是上一轮融资的一部分。如果追加投资的是持有全部的 A 系列优先股的同一批投资人，通常会采用这种方式，因为通过认购相同的股权（A 系列可转换优先股），新参与的投资人会在清算优先权上等同于之前的投资人（在融资中，是“后进先出”的原则，因此这种方式对初始的投资人是有利的，而新进入的投资人付出了一定代价）。

■ 公司也可以发行 B 系列可转换优先股，除了清算优先权利之外（后进先出），其余与 A 系列优先股完全一致。如果新一轮的投资人并未持有全部的 A 系列优先股，并且希望在 A 系列优先股持有人获得回报之前，拿回全部新投入的资金，可能会采用这种方式进行追加投资。这将会被看作是一轮新的平价追加投资。

■ 如果公司经营情况良好，可以发行新的 B 系列优先股，与 A 系列优先股一致，除了更高的优先清算权和更高的估值。这将会被看作是一轮新的溢价追加投资。

■ 如果公司经营不佳，但投资人仍旧相信你能够转败为胜，那么他们可能愿意以低于上一轮的估值在 B 轮继续投资。这将会被看作是一轮降价追加投资。但这对于公司来说并非好事，因为它会（几乎不可避免地）触发 A 轮融资中的反稀释条款，导致普通股持有者（比如你和你的员工）受到的冲击超过新的投资所带来的好处。

■ 最后，如果创始人和投资人都认为公司能够获得第三方投资人的投资，并且估值有可能更高，但是在新的一轮融资交割完成之前，公司仍旧需要一些运营资金，当前投资人可能愿意以可转债的方式投入 200 万美元，作为过桥资金帮公司过渡到外部 B 轮融资完成。在这种情况下，无论新投资人以何种方式购买股权，这笔资金将成为一笔可转换债权（可能会折价）。此时，这 200 万美元可以看作是新一轮投资中的追加投资。

当事态不妙时该怎么办

当初创公司没有达到预期目标，并且需要后续融资维持运营时，就会发生一轮“投资参与”的降价融资。但是由于公司经营不佳，新一轮融资的估值会低于上一轮。如前文所述，这就是所谓的降价融资轮，意味着新投资人购买公司股份的价格要低于上一轮投资人支付的价格。

这看起来似乎对当前投资人是一个很好的激励，让他们愿意投入更多资金，但情况并非如此。对于运营不佳的公司，很多投资人会选择迅速止损，他们可能会认为此时继续投入资金是羊入虎口或火中取栗。因此，公司需要提供额外的激励。

作为公司的创始人，此时你要背水一战了，最好联合那些承诺参与本轮融资的投资人，一起向其他投资人发布一份如下声明：

> 我们希望当前的所有投资人能够在这一轮融资中追加投资，按当前股权比例认购对应的份额（也就是“等比例跟投”）。
>
> 为了激励各位投资人积极参与追加投资，我们将提高此

次融资的筹码：

> “如果你已经是公司的投资人，那么你当前持有公司的可转换优先股。这种股份拥有各种好处，包括经济利益方面和权利保护方面。如果你不打算参与这轮融资（当然任您选择），我们将把你持有的优先股转换为普通股，撤销你的所有保护性和控制性条款。此外，由于其他投资人的投资，公司在这轮融资之后，你的股权将会被稀释。”
>
> “现在，你是否愿意重新考虑追加投资呢？”

这意味着，如果当前投资人想要在未来继续持有公司较大份额的所有权（参与），他需要在公司的此轮融资中追加投资（投资）。因此，这就是“投资参与”的一轮降价融资。

但请务必留心：这个举措只有在黔驴技穷的时候才能使用——因为我敢保证，所有不打算参与此轮融资的投资人，永远会觉得你是彻底地玩弄了他们。无论最初他们表现得有多么亲切，今后都将成为你最糟糕的敌人。

而这肯定不会是你想要的结果。

24

了解公司的估值

初创公司在实现盈利之前的估值——其实盈利之后也一样——是一种将黑魔法、高深数学、市场变化、投资人回报计算以及创业者自大情绪融合在一起的产物。因此，其估值结果也是投资世界里最令人困惑、争论最多、变数最大的一个数字。

作为创业者，你肯定想要投资人根据公司未来的价值（有可能非常高）来确定估值，而投资人则希望根据当前价值（要保守得多）来确定估值。这两种方式从客观上来说，无所谓对错。在多数情况下，处于创业早期、且创始人和投资人均认为应该能够成长得非常大的公司，其估值方式会对这两种方式进行折中。

最终双方达成一致的估值数字，不仅取决于公司的客户数量、总收入、用户和收入增长曲线（如果有的话）、商业模式、市场定位、知识产权价值等，还与谈判双方的相对议价能力有关。有大量寻求融资的创业者，但真正有钱能参与投资的投资人数量上相对较少，这两者之间存在巨大的不均衡。这通常意味着，公司最终的估值结果主要还是看投资人愿意出多少钱。

最终，对创业公司的投资其实是一笔市场交易，参与双方都需要认同其付出的代价获得了合理的价值。因为投资的形式是投资人投入 X 数额的现金，获得 Y 百分比的公司股权，结果就是一道数学运算，对于任何一笔投资，你都可以计算出公司当前的价值。如果你和你的投资人对计算结果感到满意，那么就能进行交易谈判；如果意见不一致，交易将无法进行。

假设有一位投资人愿意投资 100 万美元，交换你公司 25%的所有权，这意味着，投资人是在告诉你，此时此刻，你已经创造了一个价值 300 万美元的东西。

也许你会问："如果投资人的资金拿走了公司 25%的份额，那公司的价值不应该是 400 万美元吗？创业真人秀节目《创智赢家》里就是这么计算的！"

好吧，在电视节目里他们也许是这么计算的，但并不意味这么做就是正确的。请看数学推导：如果 100 万美元等于公司价值的 25%，那么公司的整体价值是 400 万美元。但这是投资发生之后的结果——即所谓的投后估值——新投入的 100 万美元应该被减去，因为公司在投资之后的价值，应该等于投资之前的价值加上投资人投入的存在公司账户里的百万美元现金！即＄400 万－＄100 万＝＄300 万，这就是投前估值，即公司在投资人参与投资之前，公司今天的价值。

投资人会根据多个因素计算一家公司值多少钱，包括公司目前的运营情况（只有一份商业计划？已经开始盈利？还是处于两者之间？）以及公司的成长潜力（执行力足够的话，是否有机会成为价值数十亿美元的大公司？还是更可能以 2 000 万美元的价值套现?)。

对创始人的激励，使得估值计算变得更加复杂。假如现在你公司的真实价值为 50 万美元，但是业务发展还需要 450 万美元的资金，才能推动公司以更高的估值在下一轮融资中募集更多的资金。按照上述公式，投资人将获得公司 90％的所有权。既然只剩下 10％的所有权留给你——考虑到未来的后续融资，比例很可能更低——你很可能不会接受这笔投资，而是直接把公司关了去做别的事情。

所有这些因素使得投资决策从本质上变得相当复杂，而且具有部分的主观性——尽管众多的客观定量要素毫无疑问地起了主导作用。

投资估值方法

很多人尝试为融资谈判双方建立标准化的估值模型，世界上最好的估值方法汇总出自我的好朋友比尔·佩恩（Bill Payne）之手，他是一位全球领先的天使投资人培训师（我现在教你们的很多知识，都是他教给我的)。接下来，在获得他的授权之后，我将向你们展示他在各类著作、文章中和网站上提到的众多估值方法。

计分卡估值方法

这种方法将目标公司与典型的获得天使投资的创业公司进行对比，并根据同地区最近获得投资的公司的平均估值进行调整，计算目标公司的投前估值。这种比较只能在发展阶段相同的公司之间进行——此方法中，针对的是尚未实现收入的公司。

运用计分卡估值方法的第一步，是确定与目标公司处于相同地区、相同行业的无收入公司的平均投前估值。投前估值会因创业公司所在地区的经济情况和市场竞争环境而有所差异。在大多数地区，处于不同行业的公司的投前估值相差不大。

在 2015 年，天使资源研究院（ARI）、CB Insights、Gust 和比尔·佩恩做了多种不同的调查，搜集种子期、无收入创业公司的投前估值数据，范围从 50 万美元到 300 万美元。为了简化计算，我们假设无收入公司的估值范围是 100 万～200 万美元，并且一家典型的无收入公司的投前估值为 150 万美元（CB Insights 在 2013 年的调查中得到种子期估值数据的平均值为 190 万美元，中位数为 60 万美元）。

接下来就是将你的公司与你所在地区类似的投资交易作比较。这项工作需要你客观地对比你的公司与同行业或相关行业其他公司的竞争力——这对于大多数创业者来说并不容易，毕竟谁都会对自家公司更偏心（可以理解）。你可以与其他观察者就你的看法进行交叉对比，让评估结果更加贴近真实情况。

举一个例子，假设有一家公司的产品和技术处于平均水准（基准的 100%），团队高于平均水准（基准的 125%），市场机会远远超过平均水平（基准的 150%），这家公司在一轮天使投资之后就能实现正向现金流（基准的 100%），在市场竞争优势方面，公司目前还比较弱（基准的 75%），但早期客户对产品的反馈非常好（“其他”项为基准的 100%），公司还需要加强销售渠道建设和合作伙伴关系（基准的 80%）。使用这些数据，并依据投资人赋予每一项的权重，我们就能按照表 24—1 进行计算：

表 24—1　　筛选和估值计算表范本

对比因素	权重	目标公司	因子
创业者及团队能力	最多 30%	125%	0.375 0
市场机会大小	最多 25%	150%	0.375 0
产品及技术	最多 15%	100%	0.150 0
竞争情况	最多 10%	75%	0.075 0
市场/销售/合作伙伴	最多 10%	80%	0.080 0
需要后续融资	最多 5%	100%	0.050 0
其他（良好的客户反馈）	最多 5%	100%	0.050 0
合计			1.155 0

将因子合计结果（1.155）与平均估值 150 万美元相乘，我们就能得到目标公司的投前估值为 170 万美元左右（精确计算结果是 173 万美元）。

风险投资法

风险投资法由哈佛商学院教授比尔·索尔曼（Bill Sahlman）在 1987 年的案例研究中首先提出，概念十分简单：

因为

$$投资回报（ROI）=\frac{终值}{投后估值}$$

因此

$$投后估值=\frac{终值}{预期\ ROI}$$

接下来，我将一一解释这些名词的含义，并阐释它们是如何计算和应用的。

终值是指公司在今后某个时间的预期出售价格——假设是投资后的 5～8 年。出售价格可以这么估计：合理预计公司出售当年的收入；然后基于这个预计收入，根据公司所在行业的统计数据，估算当年公司的利润；再根据所在行业的市盈率（价格/利润），我们就可以算出公司的终值。例如，一家软件公司在某个业绩很好的年份实现了 2 000 万美元的收入，那么税后利润按 15%计算，即 300 万美元。按软件公司 15 倍的市盈率，该公司的终值为 4 500万美元。

还有另一种方式计算终值：因为软件公司出售时通常是按收入的 2 倍计算价格，此时得出公司的终值为 4 000 万美元。我们得到终值的平均数为 4 250 万美元。

预期 ROI：因为大多数早期投资人都希望每笔投资获得 10～30 倍的回报，在本案例中假设为 20 倍。

运用这些信息，我们现在可以计算公司的投前估值了——即在投资人到来之前公司值多少钱。

假设你需要 50 万美元让公司实现正向现金流，之后公司将自力更生发展，下面就是在这笔交易中投资人是如何计算投前估值的：

$$\text{投后估值}=\frac{\text{终值}}{\text{预期 ROI}}=\$4\ 250\ \text{万}/20$$

因此

$$\text{投后估值}=\$212.5\ \text{万}$$

$$\text{投前估值}=\text{投后估值}-\text{投资额}=\$212.5\ \text{万}-\$50\ \text{万}$$

因此

$$\text{投前估值}=\$162.5\ \text{万}$$

不错！但如果投资人预计公司还需要后续融资呢？一个简单的方法就是调节本轮投资的投前估值，从中减去后续投资造成的稀释部分。如果本轮投资人预计最终会被稀释50%，那么本轮投资的投前估值大约为80万美元。

戴夫·博克斯法

我的朋友戴夫·博克斯（Dave Berkus）是一位演讲者和教育家，同时也是南加州技术海岸天使联盟（Tech Coast Angels）的创始成员之一，他投资了超过70家初创公司。戴夫的估值模型首次出现在1990年代中期哈佛大学霍华德·斯蒂文森（Howard Stevenson）出版的一本书中，并被天使投资人沿用至今。下面是最新的版本，由戴夫在2009年更新。

首先将投前估值设为零，然后评估目标公司表24—2中所列各项特征的质量：

表24—2 **博克斯估值因素**

特征	投前估值的增加量
高质量的团队	0～50万美元
优秀的创意	0～50万美元
产品原型	0～50万美元
高质量的董事会	0～50万美元
产品面市或销售	0～50万美元

要注意，表中的数字只是对每个因素赋予最大值（而不是绝对数），因此估值结果可以是80万美元（或者更少），也可以是250万美元。不仅如此，戴夫还提醒我们他的这个方法“只适用

于最初阶段的创业投资，方便投资人在不依赖公司财务预测的情况下找到一个沟通估值的切入点”。

风险因子加总法

这个方法考虑了影响无收入公司投前估值的更多因素，由俄亥俄技术天使联盟（Ohio Tech Angels）开发，他们对此方法的描述如下：

> 基于这样一个假定：风险因子的数值越高，总体风险越高，此方法敦促投资人仔细考虑创业公司必须面对的各种风险，这些是实现一个获利丰厚的退出所必然要经历的。当然，最大的风险通常是“管理风险”，需要投资人做最深入的思考，投资人也觉得这是所有创业公司面临的最首要风险。尽管此方法考虑了管理风险的层级，但也为使用者提供了评估其他风险的机会。

使用此方法所需要考虑的风险因素列表包括：

- 管理风险
- 业务阶段风险
- 法律/政策风险
- 生产风险
- 销售和市场风险
- 融资/资金募集风险
- 竞争风险
- 技术风险
- 诉讼风险

■ 跨国风险

■ 名誉风险

■ 潜在获利丰厚退出

根据以下规则对每项风险因素打分：

＋2　对公司的成长和实现完美退出非常有利

＋1　有利

0　无影响

－1　对公司的成长和实现完美退出不利

－2　非常不利

对于你所在地区的无收入公司，其平均投前估值要进行调整，每项因素加 1 分就增加 25 万美元（加 2 分就增加 50 万美元），每减 1 分就减少 25 万美元（减 2 分就减少 50 万美元）。

估值技术的革新

上述几种方法在过去几十年来被天使投资人和其他早期投资人用来计算初创公司的估值。但随着技术的发展，网络平台运用的快速上升，以及大数据分析的出现，估值分析的本质开始改变。现在，交易平台能够追踪每一笔投资交易的实际估值，同时挖掘出公司估值所使用的特定模型。基于此，完全有可能——以完全匿名且高度精确的方式——设计一种能够了解公司真实情况的数学计算器，结合第三方对无形因素的客观分析，就能得到公司——至少那些处于确定范围内的早期、高增长、可规模化发展的创业公司——极度准确的估值。这些新的估值方法还在探索阶段，但用不了几年它们将革新这个领域，让估值更像一门科学，而少一些艺术的成分。

估值错误带来的危害

正确地给公司估值是相当重要的，在估值上犯错会对公司未来的发展造成严重的影响。如果一家初创公司在亲友轮的融资中估值过高，天使投资人和 VC 在公司后续融资进入时就会再三考虑。实际上，依我的经验来看，搅黄一笔原本能成功达成的交易，这可能是首要原因。

从数学计算的角度来考虑：如果在亲友轮投资是 6 万美元获得公司 1%的股权，这意味着公司的投后估值为 600 万美元。现在公司开始向专业的投资人融资，比如 VC、天使团体或审慎的天使投资人等。假设新投资人打算投资 40 万美元，但基于他的经验和对市场的了解，他只愿意接受公司投前估值 120 万美元（也就是说他希望获得公司 25%的股权）。

这种情况对于你这位创业者来说相当不利，只有以下三种可能的结果——哪一种都不好：

■ 接受新投资人的投资，对原有的亲友投资人没有任何表示。结果：你叔叔投入的资金损失了 80%的价值，因为他在你刚刚创立公司的时候信心满满赌你能帮他赚钱，现在他会觉得你高估了自己公司的价值，欺骗了他。你觉得下一次家庭聚会还能和谐如初吗？

■ 接受新投资人的投资，但调整亲友投资人投资时的公司估值，使他们持有股份的价值不受影响（这就是所谓的“完全棘轮反稀释保护”）。结果：想要投资人持有的股份价值不被摊薄，只能由创始人自掏腰包来弥补中间的差额。这意味着你要额外拿出

4%的股份补给你叔叔（加上他原本已经持有的1%的股份，那么他投入的6万美元应该占有公司5%的所有权）。

■ 如果第一种结果让亲友反目，第二种结果付出的代价惨重，那么你两者都不选择。这意味着新投资人会离你而去，公司陷入一种无法完成新一轮融资的不利境地。

基于以上结果，公司在亲友轮融资时，最好以10%～20%折扣价格的可转债方式进行。这样就把公司估值的机会留给了后续的专业投资人，并确保能让亲朋好友投入的资金价值实现增加，并且在法律文件的处理上也更加高效、省钱。

在美国西海岸，有一些公司在运用可转债方式融资时，针对不同的投资人设定不同的转股估值上限——但这种处理方式并不常见，十分投机取巧，你也难以因此讨到那些投资人的欢心。

如果你发现自己正处于以下境地：你绝对需要/想要一位给你400万美元估值的投资人，并且这是这位投资人愿意参与投资的唯一要求，那么建议你最好单方面降低本轮融资中其他所有投资人的估值上限。

这种情况下（特别是投资人很明显会获得更多的股权价值），还有另一种处理方法，就是针对所有的投资人都设定600万美元的转股估值上限，但让这位投资人加入公司的咨询委员会，通过服务授予他额外的股权。

25

关注退出并享受成功的收益

创建一家可规模化、高成长公司的最终目的，就是要从你创造的价值增长中获益。尽管也可能创立一家大公司，并用你的整个余生来持有它、经营它，公司产生的利润也能让你过上非常舒适的生活，但随着越来越多的人对创业公司的最终结果所带来的经济收益越来越关注，选择前者变得越发困难。

在本书中我一直在讨论的高成长公司，是获得了天使投资人和 VC 的财务投资的公司；这些公司通过期权激励，至少部分如此，聚集了一群高素质的顶尖人才；在发展过程中，公司也许通过换股的方式收购了一些其他公司。这些人现在对公司的最终结果都感兴趣，因为法律、个人或其他的原因跟你已经建立了关系的所有人，都期望你能够带领公司走向成功的退出。

在实际中，高成长公司的员工通常会被授予4年兑现期的股票期权。当兑现期限结束之后，公司需要授予他们额外的期权，激励他们继续留在公司，否则员工可能会跳槽。天使投资人则希望6～9年之内，被投公司能够给他们返还投资成本，再加上投资收益。同样，VC基金从出资人（即有限合伙人）那里募集资金，承诺在10年之内资金会返还，并且还会包括高额的收益。这就意味着，一只典型的VC基金会用5年的时间积极投资，用剩下的5年时间推动接受投资的公司走向退出。

鉴于其他参与者最终会持有公司的大部分股权（在退出的时候，公司的创始人通常还会持有公司15%～25%的股权），他们每个人对公司的期望，就是公司在创立后的5～10年，实现一个“清偿事件”。近10年来，所有的大型、成功的创业公司的生存时间往往会超出这个期限，要实现这个期望结果的合理假设是成为一家公开发行的上市公司（Twitter、LinkedIn、Facebook、苹果、微软、雅虎），或是成为一家大企业的一部分（YouTube、WhatsApp、Skype、Periscope、LearnVest、Business Insider、Nest、Beats）。

也就是说，作为公司的创始人，你会发现在10年之内，你的公司最终无可避免地会走向以下三种结果：

结果	可能性
公开上市（IPO）	0.1%
被收购	40%
倒闭	50%
其他	9.9%

公开上市

公司通过首次公开募股（IPO）登陆公开市场，是大多数创业者梦想的退出方式。在这种情况下，你的公司成为一家公开交易的公司，这意味着公司的所有股票可以在公开股票市场上买卖。如果这种情况发生——同时你作为创始人在经过数轮融资之后，仍旧持有较多份额的公司股份——你持有的公司股权将具备流动性，你只需要给股票经纪人打个电话就可以随时将这些股权兑现成现金。同时，IPO 还能够为公司筹集一大笔资金，促进公司进一步成长。

上市是一个巨大的挑战，过程相当复杂，平均需要花费大约 300 万美元，要聘请一个包括律师、审计师和投资银行在内的庞大团队，同时还要满足各种繁杂严格的法律要求。但是，其中最困难的事情，是漫长的、极具挑战的路演工作，以吸引华尔街投资机构的兴趣，你需要几十甚至上百次地陈述公司的故事，这个过程就跟做上百次众筹活动差不多。每年诞生的公司里，只有极小比例的公司最终能够成功上市——但有很多公司在这个过程中也能获得关注，有些甚至能创造巨额财富。在 2016 年，收入低于 1 亿美元的公司想要进行 IPO 登记基本是不现实的。

被收购

一家公司能够实现 IPO 的机会很渺茫，对于大多数高成长的创业公司来说，最常见的成功退出方式是被收购。

如果一家创业公司的产品刚好是收购方自身产品的自然扩展和延伸，或是刚好在一个收购方打算进入的市场里有影响力，这家创业公司通常会被一家大公司收入囊中。

如果是一笔大型收购案（例如 2012 年 Facebook 以 10 亿美元收购提供照片分享服务的 Instagram，以及 2006 年 Google 以 16.5 亿美元收购提供视频服务的 YouTube），被收购的公司通常会被保留为收购方的一部分，其 CEO 也会在收购方担任重要职位。如果是小型收购案，创业公司的产品通常会被抛弃，创业公司的团队成员会加入到收购方在相似领域工作的现有团队。如果创业公司被收购的主要原因是团队中的一位或几位特定人物，这通常被称为“人才收购”，被收购公司通常会被关闭，部分或所有员工转到收购方公司的其他项目中。

还有一些收购的首要动机仅仅是为了获得知识产权，这时，创业公司的团队可能不会加入新公司……但这种情况极少发生。但对于创始人来说，最重要的是收购时的支付方式。

因为所有公司最终由个人或机构（通过股权）持有，收购方是从公司持有人那里购买目标公司，而不是向公司自身购买。Instagram 的创始人和早期投资人将公司卖给 Facebook 时，赚了很多钱，因为 Facebook 向他们购买公司是以现金和股票的方式支付的。

纯现金方式退出（尤其对创始人而言，而不是投资人）通常仅限于那些收购方寻求的是被收购公司已经创造的价值，而不是未来能够创造更多价值的人才。这些价值可能是高净值用户（比如定期通过手机或有线电视自动缴纳大量费用的订阅用户）、垄断市场权利（比如专利、品牌或销售渠道的可转让独家授权）、复制的现金成本和时间成本都很高昂的技术壁垒（比如一个高频交易系统或一个复杂的预测算法）。从这些描述来看，显然大多数创业公司还没有那么长的时间创造出这些价值。那么为什么还要收购呢?

科技创业公司被行业巨头以 1 000 万～4 000 万美元收购的大多数案例，更多的还是人才收购，大公司想要引入的是创业公司的团队、创意以及新鲜血液，来提高自身的业务，或者作为一种新产品或业务线的核心。此时，公司本身的价值是很小的，大部分价值要归于公司的团队。在这种情况下，收购方最不愿意做的事情就是给公司创始人一笔“遣散费”，因为收购的目标是希望在未来 2～4 年内，通过合同将他们锁定。

事实上，即便在全部以现金支付的大多数收购案例中，创始人应得的现金多数情况下也要被锁定，只有在创始人为收购方工作满几年后才能拿到。但投资人将率先获得现金支付（除了预留一小部分钱用于应对交易后可能的意外情况）。

如果收购方通过股票进行收购支付，可能是以下两种情况：要么是收购方的公司规模非常大（谷歌、Facebook 等），其股票拥有确切、真实的价值，其股票可以等同于现金；要么是收购方的公司非常小（可能仅比目标公司大一点），其现金不够充裕，用股份支付是完成交易的唯一选择。在这种情况下，双方实际上将变成合作伙伴，并且能够激励每个人为合并后公司的快速成长继续努力。

偶尔，一家创业公司的收购价格低于其从投资人那里累计获得的融资金额。我之前说过，公司的每一轮融资，都需要签署大量法律文件（通常有 100 多页），其中最重要的内容，就是明确约定在公司面临出售或解散时，资金如何分配（如果有的话）。因为所有之前的投资人在公司的每一轮新的融资中都签署了相关协议（或者受到协议的约束），无论公司最终的结果是什么，都不会出现任何混淆。

各有所得：清算瀑布法则

在大多数种子轮或早期融资中，投资架构是遵循后进先出（LIFO）法则：后进入者，先退出。这个专业术语用于交易结构被称为清算瀑布法则，因为在一个清算事件中（无论是一笔好的大型收购，还是一次低价出售），投资人（以及其他人）将按照特定的顺序获得偿付。当一批投资人（假设是所有 A 轮投资人）被满足之后，剩余的资金再轮到下一批投资人分配，直到这批投资人被满足……依次进行。(有些情况下，所有的优先股投资人都同等对待，因此下面的第（6）和第（8）、第（7）和第（9）步将合并成一步。)

另外，有些情况下投资人可能会给公司管理层提供一些激励，以保证出售过程更加迅速。通常是从收购对价中分出一笔固定数字或一定比例的资金，在投资人得到偿付之前，在管理团队中进行分配。

以下是一个典型的偿付顺序，从最先到最后：

（1）应付的员工薪资

（2）有担保债权人

（3）无担保债权人

（4）债券持有人（包括可转换债券和其他债券）

（5）管理层激励（如果有的话）

（6）高级优先股和认股权证

（7）基于第 6 项的优先倍数

（8）次级优先股和认股权证

（9）基于第 8 项的优先倍数

（10）普通股（包括所有优先转成的普通股、所有行权的期权和所有创始人的股份）和普通股认股权证

如果一家公司没有进行任何外部融资，事情就会变得相当简单，因为清算瀑布法则将从第（1）步直接跳到第（10）步。但是对于一家进行了多轮股权或债权融资的高成长公司来说，事情就变得相当复杂了，只有借助专门的计算机软件或网络软件，才能搞清楚谁应该在什么时候获得多少偿付。这些清算瀑布计算器包含在第 18 章中提到的股权结构表和股权管理软件中。

作为一家被收购公司的创始人，很棒的是你的个人履历上将添上一笔圆满的经历：你预见了行业前景，创立并打造了一家高成长的公司，经过良好的运营并最终实现成功退出。

更棒的是，作为一位创业者，你实现了你的愿景，你创造的价值得到了认同并且会延续下去，这些将会让你获得巨大满足感。

通过并购获得的物质上的回报自然是最重要的。如果这次交易是一次人才收购，你将在一家规模更大、更稳定的公司拿着丰厚的薪酬工作数年。但是，如果经历了千辛万苦，你公司终于成功实现了所谓的本垒打，除了新的职位，你还将收获现金形式或者更有可能是股权形式的巨额财务回报，你将全身心投入到将你的团队整合到收购方的工作之中，为母公司带来新的能量和发展前景，在为母公司工作的两年你将收获许多有价值且有趣的经历，直到你赚回应得的那一部分收购对价。

那接下来呢?

好吧，如果你与我认识的95%被成功收购的创业者一样，请回到本书的第1章：把你的下一个创意，转化成另一个令人激动的事业！

附录 A
创业公司阅读书目清单

The E-myth Revisited*：*Why Most Small Businesses Don't Work and What to Do About It，by Michael E. Gerber（HarperCollins，1995）

对于任何正在考虑创业的人来说，这是一本必读书，而且是在动手做任何事情之前阅读。这本书通过非常清晰鲜明的语言，介绍了创业与做小生意的区别。读完这本书之后，你应该能够感觉出来，你是否具备创建一家高速成长公司的素质。

The Lean Startup*：*How Today's Entrepreneurs Use Continuous Innovation to Create Radically Successful Businesses，by Eric Ries（Crown Business，2011）

这本书是基于埃里克·莱斯（奇点大学创业协会主席，我的继任者）和斯蒂夫·布兰克（客户开发方法的创立者）的经验，引发了创业领域自上世纪 50 年代风险投资出现以来最重大的革命。这本书的前提简单且鲜明：创建、评估、学习……然后不断重复。如同埃里克所描述的，精益创业方法的第一步是确认需要解决的问题，然后开发一个"最简可行产品"（MVP），尽可能快地启动学习的流程。一旦 MVP 开发完成，创业公司可以调整运营模式，持续评估产品，从评估结果中学习，并基于学习不断修改产品。我在第 6 章会深入探讨精益创业方法。

The Startup Owner's Manual*：*The Step-By-Step Guide for Building a Great Company，by Steve Blank and Bob Dorf（K & S Ranch，2012）

这个指导手册依托斯蒂夫为国家科学基金会开发的"精益启动"课程，采用精益创业理论，展示如何将此理论付诸实施，这个课程每年有数以千计的创业者（和企业内部创业者）参与，同时，它也是一本很好的分析和改善商业模式的指南，它以一家初创企业为背景讲述建立和改善商业模式画布的整个过程。

Business Model Generation*：*A Handbook for Visionaries，Game Changers，and Challengers，by Alexander Osterwalder and Yves Pigneur（John Wiley & Sons，2010）

商业模式画布这个工具，已经成为精益创业方法论的标志。这本书是一切的开始，通过一个看似简单的图形将公司进行全方位的可视化展示，帮助你理解为什么以及如何实现公司的主张。我在第 1 章会详细地探讨这个画布。

Lean Customer Development，by Cindy Alvarez（O'Reilly，2014），and ***Traction*：*How Any Startup Can Achieve Explosive Customer Growth***，by Gabriel Weinberg and Justin Mares（Portfolio，2015）

这两本非常好的书帮你在精益开发过程中，快速实现销售及市场关注。

The Customer-Funded Business*：*Start，Finance，or Grow Your Company with Your Customers' Cash，by John Mullins（John Wiley & Sons，2014）

对于那些深信获得天使投资或 VC 才是唯一成功路径的创业者，这是一本必读书。实际上，只有很少的公司能获得天使投资人的资金，也只有极少的公司能获得风险投资。约翰设计了不依靠投资人的实用、有效的策略，帮你实现自力更生——荒谬的是，这通常也是公司吸引投资人的最佳方式。

From Impossible to Inevitable*：*How Hyper-Growth Companies Create Predicable Revenue，by Aaron Ross and Jason Lemkin（John Wiley & Sons，2016）

大规模提升你的销售额使公司成为独角兽的终极指导，这本书的团队在

Quora 上创建了著名的 SaasStr 博客，是每位 SaaS 领域创业者的必读内容，当然也强烈推荐给其他创业者。

The Definitive Guide to Raising Money from Angels, by Bill Payne (bill-payne. com, 2007)

这里都是创业公司融资基础。

My own book ***Angel Investing: The Gust Guide to Making Money & Having Fun Investing in Startups*** (John Wiley & Sons, 2014)

这本书已经成为学习如何成为天使投资人的正式教科书，因此对于创业者将会有更大的价值，因为从中你可以读懂潜在天使投资人的思想。

Venture Deals: Be Smarter Than Your Lawyer and Venture Capitalist, by Brad Feld and Jason Mendelson (John Wiley & Sons, 2012)

最后，如果你属于能够吸引风险投资的那一小部分创业者群体，在跟他们进行第一次会面之前，你应该读一读这本书，你将知道跟他们谈什么，以及为什么。

掌握了这些指导之后，我建议你跟一些聪明的过来人坐下来聊聊，完善你的知识，因为他们在这条艰辛的路上经历过。实际上只有少数人有机会亲自做这些事情，跟他们交流是退而求其次的做法。

The Startup Playbook: Secrets of the Fastest-Growing Startups from Their Founding Entrepreneurs, by David Kidder (Chronicle Books, 2013)

这本书的内容是一系列公司创始人的采访稿，包括 PayPal、LinkedIn、AOL、TED 和 Flickr。跟你一样，他们所有人都是首次创业，他们在书中分享了很多他们在创业过程中学习到的痛苦的经验和教训。

Lucky or Smart?: 50 Pages for the First-Time Entrepreneur, by Bo Pebody (BookSurge, 2008)

这是书单中篇幅最小的一本书，讲的是一位早期互联网成功创业者的故事，从他独自在宿舍创业到互联网发展早期即实现 IPO 的过程。皮巴迪的经验很简单、充满智慧，并且读起来很轻松。

INSIGHTS: Reflections from 101 of Yale's Most Successful Entrepre-

neurs，edited by my former associate Chris LoPresti（Merry Dissonance Press，2015），and ***Basic Berkonomics***，edited by my good friend，super angel Dave Berkus（The Berkus Press，2012）

这两本书里包含了来自成功创业者和早期投资人的非常有用的建议。

上述我亲自挑选的书单中所汇集的智慧、指导建议和注意事项至少能让你快速了解一些非常聪明的人所认为很重要的事情。同时，这些书将成为你创业图书馆的基础，帮助你理解这个领域的基本术语，并且希望能防止你犯各种初级错误。

顺便说一下，如果你对这些书籍还不满足，想寻求针对高成长创业者的更多建议，你可能愿意看看我为奇点大学金融、创业及经济学学生准备的阅读清单。这个清单包括创业、演讲技巧、全球经济、未来科技奇点以及更多方面内容的图书。可以访问以下网址了解：http：//amzn. to/1mzQ6US。

附录 B
尽职调查资料清单范例

下面是一份投资人及他们的外部律师在准备投资之前，将需要审查的文件及资料清单，这是一份初步的文件需求，审查之后，可能会有额外的文件及资料需求。

请提供我们需要审查的下列文件的副本或以书面形式注明无此文件。另外，请提供所有相关口头协议或安排的书面总结。我们乐于在办公室接受基于以下清单的所有材料，任何确定为正本文件的，将迅速返回给您。

除非另有说明，(1) 所有的资料需求都针对当前存在且有效的事项，或者自公司成立以来发生过，但目前不存在或无效的事项；(2) 所有的资料需求适用于所有过去和现在的直接或间接子公司（如果有）以及前身，不管是有限公司、合伙企业还是合资企业，所有实体均以术语“公司”表示。

如果某个资料需求没有对应的信息，请在空白处标注“不适用”或类似词汇。

Ⅰ. 公司注册情况

A. 以图表或文字描述的方式，介绍公司及其子公司的法律结构（母公司、所有分/子公司，以及其他财务或法律相关的实体）及股权情况（包括股份数量/股权比例）。

B. 公司的营业执照、章程、合伙协议、运营协议和其他类似的组织文件。

C. 股权登记簿和股权证明的正反面复印件。

D. 公司所有子公司、分公司清单。

E. 公司从事业务所需要的各种资质或申请此类资质的证明。

F. 公司重要联系人清单（包括持有或租赁的动产或不动产、员工、销售代表等）。

G. 公司当前股东清单、持有的股份数量以及认购股份的价款清单。

H. 认股权证、期权、与认股权或期权相关的认购股份、可转换债券的协议，或其他认购证券的协议。

I. 公司已发行所有期权和认股权证的明细，包括个人姓名、授予日期、有效期以及行权价格。

J. 公司股东或权益持有人之间的投票协议、委托投票协议、股东协议或其他类似的协议。

K. 股份认购和回购协议。

L. 股票限制协议。

M. 登记权协议。

N. 董事会、董事会专业委员会、股东会的会议纪要。

O. 公司成立以来呈报给董事、董事会专业委员会委员、股东的所有材料（或代替会议的书面同意书）。

Ⅱ. 员工福利计划及其他员工事项

A. 公司的任何董事、高管或员工与公司签署的雇佣、咨询、薪酬或其他协议及约定。

B. 所有合同或协议的所有相关条款的复印件，根据这些条款，公司的任何董事、高管（或其他适用的相关人士）以任何形式对相关责任获得豁免或补偿。

C. 公司所有与退休金、递延薪酬、股票期权（包括股票收益权）、利润分配相关及其他类似方案的文件，国税局针对上述文件的所有决议函件，以及公司任何确定的退休金方案的最新精算报告。

D. 公司所有其他涉及员工薪酬、奖金、激励、福利（比如寿险、健康险）或其他类似的方案，包括方案的评估和精算报告。

E. 公司使用过的所有标准格式的劳动合同，根据此合同进行过重大修订的任何版本，以及公司高管的所有聘用终止协议。

F. 公司之外的一家实体机构提供的、按照员工退休收入保障法（ERISA）条款Ⅳ所制定的退休福利方案，此实体机构现在或过去5年与公司属于同一类别。

G. 公司是当事方之一或受之约束的所有劳资集体协议，包括补充条款。

H. 公司的职业及雇佣相关的所有手册或资料。

I. 公司与所有高管、董事、员工、顾问、代理人、供应商或客户签署的以及公司员工或顾问与前任雇主签署的所有保密协议、知识产权协议、竞业禁止协议。

J. 关于雇佣协议或/及薪酬方案的信息，其中涉及任何因公司控制权变更而触发利益或权利，包括任何所谓的“金色降落伞”或类似方案。

K. 关于雇佣协议或/及雇佣终止方案的信息，其中涉及任何因员工雇佣协议终止而触发利益或权利，无论雇佣终止是否因公司的控制权发生变更而导致。

L. 所有提供咨询及管理服务的协议。

Ⅲ. 监管事项

所有与联邦监管机构，执行类似功能的外国、州政府及地方政府部门相关的申请、注册、调查结果、报告、登记声明、信件、投诉、法令、决定、命令等，包括所有文件附属材料，除非此材料在其他地方已被重复要求提供。

Ⅳ. 不动产、资产和租赁

A. 公司拥有、租赁（作为出租人或承租人）或使用的所有不动产的清单，包括所有的产权文件、租赁权益文件、此不动产的任何债权或限制转让文件，以及任何产权保险单或产权历史调查文件。

B. 公司拥有、租赁、授权许可或使用的所有无形资产或知识产权的清单，例如专利、商标、版权、商业名称、商业秘密和客户名单，以及所有在国内或外国管辖权范围内的所有专利或商标注册文件或类似的文件。请提供所有许可证、授权书、批文、相关监管报告或协议，以及任何实际或潜在的侵权或盗用索赔。

C. 公司拥有、租赁或使用的所有固定资产、动产和设备清单，包括所有产权文件、租赁权益文件，或此财产的任何债权或限制转让文件。

就以上所描述的所有物业及租约，请确定公司的任何高管、董事、股东或员工是否对该物业或租约持有权益。

Ⅴ. 重大协议及融资文件

A. 贷款协议、信用额度、契约、循环信贷协议、票据买卖协议、票据、其他债务凭证，以及与债权融资相关的所有文件。

B. 风险投资的融资文件。

C. 任何在原则上或以其他方式与公司的兼并、收购、资产剥离，或与销售重大资产相关的协议，不论是否实施完成。

D. 抵押贷款、担保协议、抵押保证，以及其他导致公司产生任何义务的留置权或信用证的证据。

E. 公司及个人担保的任何义务和以公司名义执行的法律委托书。

F. 公司所有合同、协议、计划或谅解备忘录的明细及复印件，使得 (i) 公司有任何残存的陈述或保证，或者有任何正在履行的赔偿、辩护，或不损害他方利益的义务；(ii) 公司会遭遇任何重大承诺、偶发事件或义务；(iii) 公司以任何形式被限制与其他任何公司开展业务或进行竞争的权利。

G. 属于公司及其分支机构的银行账户清单。

H. 上述文件需求中所涉及的信件和内部备忘录。

Ⅵ. 市场、销售和运营

A. 授权协议（包括内部公司之间的）。

B. 专利、专利申请、商标、商标申请、版权（国内和国外）、服务商标（国内和国外），以及技术诀窍、商业秘密和其他公司使用的专有信息的相关文件。

C. 推广材料、促销资料以及其他发送给潜在客户的广告资料。

D. 与任何教育机构签署的协议或公司提供学生贷款的协议。

E. 合资协议、合伙协议以及有限合伙协议。

F. 代理协议、佣金协议、分销协议、连锁加盟协议或销售代表协议。

G. 政府合同、协议或采购订单。

H. 公司有义务提供或采购大批物品或服务的协议。

I. 公司所有其他重大合同（包括待履行的合同）。

Ⅶ. 会计、财务和保险事宜

A. 历史年度财务报表及当年月度财务报表（包括资产负债表和损益表）。

B. 任何涉及公司与任何董事、高管之间交易的相关文件，包括贷款或类似事项。

C. 财务预算、年度预测和战略规划，如果可能，同时提供按照实际结果对以上文件的审查或对比。

D. 公司在联邦、州、地方和国外的所得税情况，包括与任何税务部门达成的同意书和协议，或者有关税收问题的任何实际或潜在纠纷，以及所有审计文件和公司与国税局之间的沟通情况。

E. 正常业务过程之外形成的任何与责任和义务相关的文件，包括重大或然负债、资产减值、票据或应收账款冲销。

F. 所有保险单的复印件和保险索赔的经历，详细介绍任何未决索赔或可能引起索赔的事件。

Ⅷ. 法律诉讼

A. 涉及公司或公司任何主要股东、高管、董事、合作伙伴或公司员工，无论作为原告或被告的所有重大诉讼、行政诉讼、仲裁、调查、索赔或争议（包括未决或潜在的诉讼或索赔）的清单及描述。

B. 公司作为当事方或涉及公司任何股东、高管、董事、合作伙伴或公司员工的所有和解协议、判决、其他法令或指令、协议裁决、禁令或类似的问题（正在进行的或可能发生的）。

C. 公司作为当事方或可能成为当事方的与任何政府部门之间的任何未决或可能存在争端的相关文件。

D. 处理实际或涉嫌侵犯专利、商标和版权的所有函件。

E. 所有豁免、放弃索赔的协议或放弃获得超过正常业务价值权利的协议。

Ⅸ. 根据你的判断，所有不在上述范围之内，可能对公司业务比较重要或在审查公司业务及财务状况时应当披露的涉及公司的所有其他材料和文件。

附录C
外国人在美国设立公司

本书中关于公司设立、股票期权计划、投资条款清单、退出等很多讨论都与美国公司相关。美国拥有支持创业的悠久历史，稳定的公司法，以及强大的投资人生态系统，这些投资人用资金支持那些可规模化发展、高成长性的公司。统计数据表明，每年美国的天使投资人和风险投资人投资给早期公司的资金，超过500亿美元。

在美国，因为有一种非常标准化的、针对早期阶段公司的投资架构（相对而言），又因为美国的投资人对此非常熟悉，还因为当地有很多早期投资机会（每年在美国有超过70万家公司注册成立），因此大多数美国天使投资人和风险投资基金主要在国内进行投资。对他们来说，在全球做种子投资充满挑战，在另外一个国家做交易需要应付的麻烦和陌生感，通常让他们觉得不值。

因此，很多有意接触美国投资人的国外创始人，开始考虑在美国设立公司，并把本国的运营实体作为美国公司的分支机构。这样一来，对美国投资人而言，这家公司就如同美国公民在美国设立的公司一样简单。

有趣的是，实际上这并不像听起来那么困难！外国人设立一家特拉华公司的过程，与美国公民是完全一样的。作为公司的运营责任人，你需要做的所有事情，是提供自己的真实姓名和真实国外地址。然后你在你的国家设立一家由此特拉华公司完全控股的分支机构，这个过程由你自己国家的政府进行监管，唯一麻烦一点的事情是你需要对你的特拉华文件进行“认证”（一个有点烦琐的流程，特拉华州要证明你的公司文件是合法的）。

但是，当涉及金融交易的时候，事情就开始变得有点棘手了。如果你的美国投资人愿意将他们的资金汇入你在本国的银行账户，那就没问题。但是，如果他们坚持只在美国投资，你就需要开一个美国银行账户。

这个时候，因为美国严厉的反洗钱和税务法规，你需要在几个繁文缛节和安全问题上绞尽脑汁。具体而言，美国的所有银行都需要了解他们的客户，这意味着他们需要对所有的账户持有人做非常详细的背景调查。你需要证明你的身份、收入来源、地址以及更多其他信息。多数情况下，你需要提供原始文件或认证的复印件。这可能有一定的困难。

然后，一旦你向银行证明了你的所有声明都是真实的，你需要将你的美国雇主识别码（EIN）提供给他们，以便为你的公司开设账户。雇主识别码由美国国税局（IRS），即联邦政府的税收机构提供，通常在公司注册完成之后就会获得，一般由为你提供公司注册服务的代理机构帮你处理。

问题是，要得到一个美国雇主识别码，你需要向美国国税局提交一个美国社会安全码（SSN），或一个纳税人识别号（ITIN）。所有美国公民都会有一个这样的号码（所以这不是问题），但你没有，这意味着你需要向美国国税局申请一个。当然，这并非不可能，或甚至不太可能，然而比较耗费时间、比较官僚化，也令人头疼。但是确实可以做到，请按照这个网址（https：//www. irs. gov/Individuals/International-Taxpayers/Obtaining-an-ITIN-from-Abroad）上的指示，并保持好的心态，锻炼自己的耐心。

附录 D
可转换优先股条款清单范例

本条款清单适用于成熟天使投资人针对早期阶段公司的投资，由 Gust 网站开发。Gust 是一家为美国超过 90%的天使投资团体机构提供服务的网络平台。此条款清单的目标是设置一个标准化的投资结构、消除疑惑，并且大大降低早期阶段种子投资时谈判、文件起草及交割的成本。

对于那些熟悉早期阶段天使投资交易的投资人，这是一份对创始人友好、对投资人合理的条款清单，目的是为了在以下两种文件之间取得平衡，其一是由 NVCA 提供并被美国大多数天使团体使用的 A 系列优先股融资模板文件（包含 17 页的条款清单和涵盖很多低概率边缘情形的 120 页的支持文件），其二是 2010 年由 Fenwick & West 律师事务所的王泰德（Ted Wang）律师提出且为早期创投圈做出过贡献的 2.0 版的一页纸种子系列优先股投资条款清单（其中将大部分的投资人保护条款和交易细节推延到后续融资轮）。

［公司名］种子系列优先股私募融资条款

［日期］

本条款清单概括了________公司，一家于特拉华州设立的公司（“公司”）种子系列优先股融资的主要条款。除“费用”“限制出售/保密条款”及“特别条款”外，本条款清单不具有法律上的强制约束力。任何其他强制约束力仅依据各方谈判并签署的最终协议实施。

股份数仅适用于股份有限公司，这就意味着本条款清单仅适用于C类公司。（对有限责任公司的天使投资更为复杂，需要不同的投资架构。）特拉华州是在美国注册企业非常有利的一个州（财富500强超过一半的公司在此注册），因为这个州拥有完善的判例法，被视为“对公司友好”。尽管法律和本条款清单均不要求，但还是强烈建议在特拉华州注册公司。最近，内华达州获得了类似的名声，并且有时成为位于西海岸公司的设立地点。

本条款清单中的大部分内容是无法律约束力的，这就意味着它仅用于记录双方基本的思想交流，并不作为投资的法律基础。但是，这里明确指出“费用”“限制出售/保密条款”和“特别条款”（如果有这个条款）这三个特定的条款是有法律约束力的，一旦双方签署了本条款清单，仅有这些条款将立即生效。因此，无论投资最终是否达成，如果一方出现违反保密、支付律师费用等条款的现象，另一方可以提请法律行动。

注意：公司的名字应该添加到标题和本节中，公司的注册地也应该添加在相应的地方，正文中的括弧应该去掉。如果投资文件中有“特别条款”，将该段内容标记起来的括弧应该去掉，否则，整个段落都该删掉。

发行条款

发行的证券：公司的种子系列优先股（以下简称“种子系列优先股”）。

为获取对公司的财务投资，出具本条款清单的投资人要求获得公司的一定数量的股份。不同于普通股（即通常在公开市场购买的股份），本条款清单特指优先股。不同之处是在公司出售、清算、解散时，优先股会先于普通股（通常是公司创始人和员工持有）得到偿付。但是，由于优先股仅获得所投入的额度，公司价值上涨的部分都归于普通股持有人。因此，本条款清单后续有一节将会给予投资人将优先股转换成普通股的权利，如果此转换对投资人有利的话。

本轮投资所认购的股份序列被称为“种子系列”。这是一个完全随意

> 的名字，仅为指代用途。通常，来自天使投资人或种子基金的第一笔相对较小的投资，被称为种子系列。来自风险投资基金的第一笔机构投资，会被称为“A 系列”，每轮后续融资都递增一个字母（B 系列、C 系列等）。

投资额：总计最低为________美元［最高为________美元］。

> 这里设置本轮公司计划融资金额。投资人在确信公司将会获得足够实现预定目标的资金额之前，通常不会兑现其本轮的投资承诺。因此，即便投资人与公司现在签署了本条款清单，公司从其他投资人那里获得更多额外投资承诺并超过最低融资之前，资金都不会发生转移。如果公司与投资人就最高融资额达成一致，填入这个数字并去掉括号。如果没有最高额度限制，删掉括弧内的内容。

领投方：________将最少投资________美元。

> 这里是为了确认签署本条款清单并承诺对公司投资的投资人。尽管其他投资人可能参与投资，但主要投资人（不管是个人、基金或团体）可能（但不必须）在此条款清单中被授予额外的权利。此处的金额是领投方本轮承诺投资的最低金额，不同于本轮融资的最低融资额。

每股价格：每股________美元（“初始购买价格”），公司的投资前估值________美元，初始购买价格的计算是依据公司的资本结构表，其中包括完成最大融资额交割后 15%的期权池。

> 投资人支付的每股优先股价格的计算是根据公司已授权发行（或本轮后将发行）的股份数以及本条款清单中的其他因素。这个价格以及本条款中“投资前估值”这个重要数字通常是最后填写。投资前估值是创始人和投资人在本条款清单签字之日、投资人的资金进入公司之前对公司价值所达成的一致。
>
> 为了让这一节内容对所有人都绝对清晰，这里提到了本条款清单中的

公司资本结构表，显示投资前、后，公司全部股东的姓名及其持有的股份数量。在这句话的后半部分，双方同意在投资前，公司将设置额外的普通股用于吸引和补偿未来的员工。这被称为“投资后未分配期权池”。重要的是要理解15％的期权池是在投资之后需要设立的，但计算是在投资之前完成的。这就意味着期权池所对应的所有股份都来自创始人，而不是投资人。

举例说明：一位创始人持有公司100％股份，投资人投资35万美元，获得35％的股份。这就意味着公司“投资后估值”是100万美元，投资前估值（减去35万美元投资款）就是65万美元。但是，如本条款清单所述，需要设立一个15％的股份池用于员工期权。这就意味着交割后资本结构表中，投资人持有35％的股份，期权池为15％，创始人持有50％。

股利：按原始购买价格为基础每年5％的应计累计股利，当董事会宣布发放且在（1）回购或（2）公司清算（包括清算事件）时支付，种子系列优先股股东获得的总金额不超过初始购买价格的5倍（下称“回报上限”）。对于其余股利或收益分配，种子系列优先股股东有权按转换后的普通股数量，与普通股股东按比例分配。

优先股的股利大致等同于贷款的利息。本条款指出，投资人有权每年获得投资额5％的股利，但公司董事会决定“什么时候以及是否”实际支付股利。因为成长期公司总是需要现金，很少见到董事会同意在公司早期宣布支付股利。但是，“应计累计股利”意味着如果股利并非每年支付，则会累计，直到获得支付。

本条款确定了几种累计股利必须支付的额外情形：（1）是非常少见的情形，即7年后（后续将会提到）公司还很成功，但投资人无法收回资金，因此要求公司回购他们的股份；（2）公司出售或解散，但仅限于投资人获得的偿付不及5倍回报。

最后一句指出，如果普通股（通常由创始人持有）获得了股利，投资人持有的优先股也应获得。

清算优先权： 1倍的初始购买价格，加上任何应计未付股利（满足“回报上限”条件），再加上任何宣布但未支付的股利，剩余资金支付给普通股股东。公司合并、收购、重组、出售，以及独家授权全部或主要资产或一件/一系列类似交易，以上事件都被视为清算（“清算事件”）。

本条款指出，如果公司变现（“清算”），不管是愉快的原因，比如以10亿美元的价格被收购，还是悲伤的原因，比如公司破产并出售设备，在偿还了所有债务之后（通常是在权益之前），公司剩余的资金首先用于归还投资人的投资款，然后是支付累计股利。之后，所有剩余的部分归属于普通股股东（通常是创始人和员工）。

尽管在糟糕的情形下，这看起来对投资人还不错，但意味着在有利的情形下，即便公司以10亿级美元的价格出售，投资人能够获得的偿付金额是初始投资额加上5%的股利。这就是为什么要设置下一节：转换权。

转换权： 优先股股东有权在任何情况下将1股优先股转换为1股普通股股票（发生股票拆分、股票股息及类似事件，以及广义加权平均反稀释保护时，按比例调整）。

投资人获得回报：尽管优先股首先获得偿付，但并不能参与分配公司增加的收益。另一方面，普通股按比例分配任何收益（比如被收购时的收益），但必须在优先股之后。因此，本条款指出，持有优先股的投资人可以选择在任何时候将其股份转换成普通股。结果就是，在糟糕的情形下（公司将要破产），投资人继续持有优先股，并优先拿回自己的投资款。但在有利的情形下（以很高的价格被收购），他们将会选择转换成普通股，分享好的结果。

“广义加权平均反稀释保护”的意思是，如果公司在未来的某个时点的融资价格低于本轮融资价格，当前投资人将会受到部分保护。本条款是中立的行业标准，处在偏向创业者的“无反稀释”保护和偏向于投资人的“完全棘轮反稀释”保护这两种方式之间。

投票权：与普通股股东一起，按照转换后的股份基数对所有事项投票表决。以下事项需要获得种子系列优先股多数股份同意：(1) 对种子系列优先股的权利有不利改变；(2) 调整授权股份数量；(3) 设立新系列优先股，其权利超过或等同于种子系列优先股；(4) 发起或授权发起任何债权类证券，累计金额超过种子系列优先股融资额的50%；(5) 回购任何股份（除了依据公司的权利以初始价格回购）；(6) 宣布或支付任何股利；(7) 交割后两年内扩大预留的期权池规模；(8) 变更董事数量；(9) 清算或解散公司，包括任何控制权变更或清算事件。

> 本条款可以看到投资人要求的大部分保护条款，尽管投资人持有的是优先股，但在投票时，需要假定已经转换成普通股对待。因此，对于需要股东批准的事项，所有持有股份的股东（创始人、投资人以及其他人）一起参与投票。但是，除了跟其他股东一起投票，本条款还列举了一些需要投资人单独投票的事项。也就是说，即便董事会和100%的其他股东同意公司做这些事项中的其中一项，除非本轮投资人中的多数同意，否则也不能实施。这些需要投资人单独投票的事项通常是保护他们以免其权利被剥夺、其投票权被稀释、其投入资金被转移等。

文件：文件将基于发布在 http：//gust.com/SeriesSeed 上的种子系列优先股投资文件，由公司的律师编写/起草。

> 条款清单提供本轮投资的基本构架，但魔鬼在细节之处。一旦条款清单被签署，公司和投资人推进投资交割，律师会起草几十页的投资协议文件，包括新的公司章程、股东协议、投资人权利协议等。Gust 网站提供了一套与本条款清单匹配的标准模板文件，律师可以很容易将其作为工作的基础使用。
>
> 尽管在双方及双方的律师都满意之前，不会签署和生效任何文件，但有一方需要先行起草。本条款指出这项工作由公司的律师依据 Gust 的标准文件来完成。

财务信息：所有投资人将会收到年度财务报表和管理层最新经营报告。投资额超过 2.5 万美元的投资人（“重要投资人”）将收到季度财务报表和管理层最新经营报告，并获得检查权。有需求的任何投资人还会获得管理权文件。所有与投资人的沟通将通过公司在 Gust 平台上安全的投资人关系交易室里进行，公司有责任提供最新、完备和准确的信息。

因为私有公司没有向 SEC 申报财务报表的要求，本条款约定公司应该给投资人提供哪些信息，让他们对其投资标的正在发生的事情保持了解。这里的要求是公司给所有投资人提供年度财务报表和管理层最新经营报告。另外，投资额超过 2.5 万美元的投资人有权获得季度报告，通常有权要求访问公司，并查阅公司的账目和票据（当然，需要保密）。

管理权文件是一份特别的文件，一些特定的风险投资基金通常需要。

为了保证与投资人及时的沟通交流，投资人要求公司将其当前更新的信息保存在公司在 Gust 上的交易室里，这将极大改善公司的投资人关系，以及投资人的投资组合管理活动。

参与权：重要投资人将有权按比例参与后续的权益证券的发行。

如果公司在未来任何时候出售额外的股份，本条款明确投资人有权（但并非义务）按照与新投资人相同的条款参与后续轮融资，参与额度至少能够保证他们的股权比例在公司新一轮融资前后维持不变。

回购权：如果大多数种子系列优先股同意，交割完成 7 年之后，随时可以要求公司回购，回购价格等于原始购买价格加上应计未付的股利，以及其他已宣布但未支付的股利。回购应分 3 年平均实施。

如果在很多年以后，公司变成一家“生活方式”型的公司，即可以盈利但不太可能实现投资人退出，本条款约定投资人有权要求公司将他们的股份买回去，购买的价格是投资人当初支付的价格（加上股利）。回购将持续 3 年，由投资人选择投资第 7 年之后任何时候开始。

董事会：大多数普通股股东选举 2 位董事，种子系列优先股股东选举 1 位董事。以下事项需要获得种子系列优先股董事的同意：（1）在公司实现正向现金流之前，因借钱而产生超过 2.5 万美元债务；（2）除公司正常业务经营的授权之外，通过出售、转让、授权、抵押或其他方式公司处置技术或知识产权；（3）任何与公司创始人、高管、董事、核心员工或其他任何相关人员或家庭成员的任何重大交易；（4）对创始人或高管的聘用、解聘或对其薪酬进行重大调整；（5）调整公司的主要业务；（6）实施任何可能导致种子系列优先股股东不能获得初始购买价格 5 倍收益的清算事件。

> 公司的董事会将负责制定公司的所有重大决策，包括聘用/解聘 CEO。本条款指出，公司将设立 3 人董事会，其中 2 名董事由普通股股东指派，1 名董事由本轮投资人指派。
>
> 尽管 2∶1 的比例意味着普通股股东指派的董事（通常是创始人自己）总是可以在投票中胜过投资人，但本条款清单罗列了一些事项，这些事项不仅需要获得董事会多数同意，还需要获得投资人指派的董事同意。2.5 万美元的借款限制对小规模投资交易是合理的，但对于大规模投资可以提高数额。

费用：公司要补偿投资人________美元的费用，用于支付律师在公司背景核实、尽职调查以及审阅交易文件方面的费用。公司需要承担在 Gust 平台上投资人关系交易室的费用。

> 投资交割相关的开支通常由公司从融资额中支付。如果不修改此标准条款清单，给投资人律师支付一笔适当的固定费用是非常合理的，数额可能大大低于 2 万美元或使用 NVCA 完整版条款清单的费用。这里要求公司承担维护公司投资人关系网站的费用，意味着投资人要确保总是能通过一种可行的方式很快获得公司最新的信息。

未来权利：种子系列优先股将获得与后续 A 系列优先股投资人相同的权利（比如登记权、信息权、优先认购权、领售权等），合同条款与 NVCA 编制的或其他标准的机构投资人所采用的风险投资惯例文件相似或一致。

> 本条款比较神奇，如果公司完成一轮来自传统风险投资基金等机构投资者的后续投资，要确保本轮投资人获得 NVCA 模板文件中所有条款的保护。本条款内容使得本条款清单与 NVCA 的条款清单相比，我们可以删减 14 页的篇幅。

创始人事宜：所有创始人都将设置从交割完成开始计算的 4 年股份兑现期，交割完成一年后兑现 25%的股份，剩余股份在其后 3 年按月等比例兑现。“双触发事件”时全部加速兑现。所有创始人应在交割之前将所有相关知识产权转让给公司，并且签署保密协议、竞业禁止协议和诱引禁止协议（在法律许可的最大程度），此竞业禁止和诱引禁止约定在其工作雇佣期间及结束雇佣的 1 年内适用。创始人应与公司签订协议，约定公司有权优先受让其拟转让所持有的公司股份。

> 本条款约定的内容被称为公司创始人的“反向兑现”。尽管他们可能一开始持有公司 100%的股权，如果他们离开公司，本条款的约定使得公司有权回购创始人持有的股份。本条款是标准的“4 年兑现/1 年阶梯”，意思是如果创始人在本轮投资后 1 年内离开公司，公司可以收回其全部股份，满 1 年之后，其剩余股份将在后续 3 年按月兑现。尽管有些创始人一开始认为这很烦琐，但实际上是符合所有创始人最佳利益的，因为理论上 1 位联合创始人（假设 2 人联合创业）在交割完成之后离开公司，他仍然保留公司几乎一半的股份，这很明显对公司的另一位创始人不公平。
>
> “双触发全部加速”的意思是，如果公司在 4 年期结束前被收购，并且收购方不继续留任创始人，创始人剩余的股份全部立即兑现。
>
> 本条款的其他条款包括确保创始人完全将其所有知识产权转让给公司并由公司持有，确保创始人与公司签署包含保密条款的雇佣协议，如果他们离开公司，1 年内禁止从事与公司直接竞争性的工作或挖公司的员工。
>
> 最后，本条款指出，如果创始人想要出售其任意股份，需要首先卖给公司。

限制出售/保密条款：公司及创始人同意，他们在本条款清单签字后的60天之内，不能采取任何行动去招揽、发起、鼓励、协助来自投资人以外的任何与公司出售或发行任何股份相关的提议、谈判或者出价，并应该及时通知投资人与上述活动有关的任何第三方的任何询问。没有投资人的书面同意，除公司高管、董事会成员、公司的会计师及律师，以及投资人认可的其他潜在投资人之外，公司及创始人不得向其他任何人泄露本条款清单中的条款。

> 限制出售条款背后的逻辑是，投资人不希望被当作诱饵，帮助公司从其他投资人那里获得更好的交易。因此，公司根据需要进行尽量多的探讨，尽量多地交换未签署的条款清单，但从签署本条款清单的那一刻起，公司就同意在未来的60天之内，除非获得投资人同意，不跟任何人谈论投资的事情。

特别条款：[在这里补充本交易特定的意见/条件，否则就写“无”。]

> 为了保证本条款清单的剩余部分绝对标准，并降低法律和起草费用，本条款清单其他章节的文字绝对不应该修改。本“特别条款”就是约定本次投资任何不常见或特定的内容，但特别条款和修改越多，需要谈判的时间就越长，产生的法律费用就越多。要记住，条款清单中的每一页最终将转换成10页甚至更长篇幅的实际交易文件，增加的每一个新条款或特别条款，都需要双方律师编写、阅读，以及谈判一些非标准的内容。根据经验来说，交易文件在双方律师之间往返一次，就会让交易的整体法律费用增加大约5 000美元。

公司：[____________有限公司]	投资人：____________________
姓名：______________________	姓名：______________________
职位：______________________	职位：______________________
日期：______________________	日期：______________________

因为条款清单中部分条款有法律约束力，应由在法律上能够约束双方的

人来签署，这通常是公司的 CEO 和能够严格按照这些条款对公司进行投资的一位领投方。

> 本条款清单模板由 Gust 编写，并获得了怀特-威廉姆斯律师事务所罗瑞·斯密斯（Lori Smith）先生的法律支持，以及纽约天使联盟条款清单委员会拉里·里奇斯坦（Larry Richenstein）、杰弗里·塞尔策（Teffrey Seltzer）、马克·斯奈德（Mark Schneider）等委员的深度建议。注释和评注的版权属于戴维·罗斯。

附录 E
可转债融资条款清单范例

New Co 公司可转换债券过桥融资条款

20 ____年____月____日

本条款清单概括了 New Co 公司，一家于特拉华州设立的公司（“公司”）可转债融资的主要条款。除“费用”及“限制出售/保密条款”外，本条款清单不具有法律上的强制约束力。任何其他强制约束力仅依据各方谈判并签署的最终协议实施。

发行的证券：可转换债券（“可转债”）。

资金额：总计最低为________美元，最高为________美元，包括本次融资交割时之前已发行的可转债转换后的金额。

出借人：好人天使有限公司（“领投方”）将出借最低________美元，其他出借人要经公司和领投方认可。

认购价格：面值。

利率：5%年利息，利息可累计，到期日支付。

期限：所有本金及可转债的应计未付利息，在本轮融资交割之后的 12 个月到期且支付（“到期日”）。经累计持有大多数已发行可转债本金的可转债持有人（“多数权益方”）同意，到期日可以延期。

可转债优先权：可转债应优先于其他债务。公司任何因借钱而产生的无担保债务，将全部服从于可转债全部本金及利息的优先支付。

提前还款：不经多数权益方同意，可转债不允许提前还款。

转换：“转换出售价格”应当是以下每股价格的低者：（1）在以下定义的转换事件中，任何其他相关方认购普通股或优先股所支付每股最低价格的80%；或（2）将（x）美元（“估值上限”）除以（y）转换事件之前已发行的完全稀释股份数量。“完全稀释股份数量”是指在合适的时间，假定将公司所有发行在外的期权、拟发行期权、认股权证以及可转换证券（除可转债之外）完全转换或行权后，公司已发行的普通股数量。

“转换事件”是指以下任意事件之一：

（1）合格融资。公司在到期日或之前，完成一轮股权融资，其中公司出售一类优先股的累计价格不少于________美元，并且融资的主要目的是筹集资金（“合格融资”）。

（2）非合格融资。公司在到期日或之前，完成一轮股权融资并出售一类优先股，但并非一轮合格融资（“非合格融资”）。

（3）控制权变更。在到期日或之前，同时在完成合格融资之前，公司发生控制权变更或者完成普通股出售交易（“控制权变更”）。

（4）到期。在到期日或之前，公司未完成合格融资，或控制权变更，或出售交易，并且多数权益方未对到期日进行延期。

基于第（1）条的转换应为自动行使，基于（2）～（4）的转换应由多数权益方决定。

在上述第（1）及第（2）条所描述的融资转换事件中，可转债应转换成一种类别的优先股，并与此合格或非合格融资所发行给其他相关方的证券类别相同、条款相同。可转债持有人在此次融资时的初始发行价格，应为基于实际每股价格的折扣价。

在上述第（3）条所描述的控制权变更转换事件中，可转债应转换成普通股。

在上述第（4）条所描述的到期转换事件中，可转债应转换成无参与分配权的可转换优先股，附带1倍的优先清算权、按惯例的分红优先权、按惯例的广义加权平均防稀释保护，以及惯例的保护性条款，优先股持有人因此获得惯例的优先认购权和其他惯例的合同权利（所有这些权利都在“种子类可转换优先股”投资模板文件中，网址 gust.com/seedseries）（“新优先股”）。

特别批准：只要多数权益方有权选举一位债权人董事，公司的以下事件需要董事会的批准，并且此批准包括债权人董事的赞成票：（1）任何累计金额超过5万美元的债务；（2）除惯例外，给予包括员工在内的任何人贷款或支付预付款；（3）与包括债权人董事在内的董事会批准的预算不符的任何开支（单独和合计不超过预算25%的开支除外）；或者（4）批准或参与任何相关方交易（包括与创始人的任何补充协议）。

公司的以下事件需要多数权益方同意：（1）公司（或任何分支机构）主动清算或解散，出售公司全部或重大资产，将公司与任何其他公司合并或整合，或者将公司的资产出租或独家授权（都属于“清算事件”）（并非净收益超过________美元的清算事件）；（2）授权、设立（通过重新分类或其他）或发行任何新股份种类或序列（包括与合格融资相关）；或者（3）宣布或支付任何股利或收益分配，或批准回购任何股份。

资金用途：资金将用于公司的基本运营，而不是用于偿还公司当前的任何债务。

文件：交易文件将由出借人的律师起草。

财务信息：所有出借人将收到公司的季度财务报表和管理层最新陈述。领投方会收到月度的上述信息。

董事会：初始交割之后，只要此可转债仍有任何本金或利息尚未偿还，公司的董事会（“董事会”）就应包括1名由领投方指定的董事（“债权人董事”）。

费用：如果融资交割，公司应支付出借人一位律师不超过5 000美元的合理费用和开支。如果融资没有完成，各方承担自身的法律费用和开支，除非是公司不愿意继续推进的原因，此时公司补偿出借人实际发生的开支，包括法律费用。

创始人/员工：所有创始人、员工以及合作方应在交割之前将所有相关知识产权转让给公司，并且以出借人能够合理接受的形式签署保密协议、竞业禁止协议和诱引禁止协议，此约定在其工作雇佣期间及结束雇佣的 1 年内适用。

限制出售/保密条款：公司同意真诚合作，尽快完成此可转债融资的交割（最早的可转债发行时间即为“交割”）。公司、公司高管及创始人同意，他们在本条款清单签字后的 30 天内，不能采取任何行动去招揽、发起、鼓励、协助来自出借人以外的任何与出售或发行公司股份相关的事宜，或者收购、出售、租赁、授权，或对公司或公司重大股份或资产的其他处置，或实施任何债务工具，并应该将与上述活动有关的任何第三方的任何询问及时通知出借人。没有领投方的书面同意，除公司高管、董事会成员、公司的会计师及律师，以及领投方认可的其他潜在出借人之外，公司及创始人不得泄露本条款清单中的条款、本条款清单的存在，以及本条款清单正在谈判的事实给其他任何人。

有效期：如本条款清单在________年________月________日之前未被公司接受即失效。本条款清单可能通过相应的文件实施，这些文件将形成一套投资材料。传真和数字签名与原始签名拥有相同的法律效力。

New Co 公司	**好人天使有限公司**
姓名：________________	姓名：________________
职务：创始人及 CEO	职务：________________
日期：________________	日期：________________

附录 F
创始人协议范例

××公司创始人之间签署的本创始人协议，是在公司设立及正常运营之前，也在签署以下相关事宜的详细协议（“正式协议”）之前，约定各股东的权利和义务。

未来合伙人之间出现任何以下所述事项的争议，都依据本创始人协议中的条款和约定进行处理，直至公司已完成的正式协议中的条款，取代了本创始人协议中的相关条款。

各创始人预计在公司完成初次融资或在公司收入足以支持这些支出的时候完成正式协议，但希望通过签订本协议，确认他们对本协议所述全部事项的理解，以及通过本协议使得相关约定具有法律约束力。

表 F—1　　精益计划书的阶段性目标表格示例

事项	内容	备注
公司/状态	设立成一家特拉华公司	创始人之间需确定的完整组织架构、股本
商业创意	半小时的喜剧“电视”节目，包含鲜明和夸张的幽默感	“电视”是一种新兴的技术，将电影画面直接传输到一个安装在家庭的魔法盒，你可以在客厅里看到这些画面

续前表

事项	内容	备注
创始人	拉里、莫、科里	
股权比例	拉里：××% 莫：××% 科里：××%	公司组织的权益分配
职务	拉里：CTO 莫：CEO& 总裁 科里：董事长	
董事会成员	拉里、莫、科里	董事会采取多数票的决策原则，任何例外情况待定
股份兑现	● 共 4 年、按季度的股份兑现期 ● 不足 1 年不兑现	所有创始人都设置股份兑现期
股份兑现计算起始日	拉里：××年××月××日 莫：××年××月××日 科里：××年××月××日	● 股份兑现协议在签署时中要体现已兑现的部分 ● 需要连续在公司工作，但在正式协议签署之前，持续股份兑现不必是全职/排他状态
承诺/外部活动	拉里：兼职状态（额外报酬），直到公司获得足够的初始融资 莫：兼职状态（额外报酬），直到公司获得足够的初始融资 科里：全职	
工资或其他现金报酬	拉里：正式协议时确定 莫：正式协议时确定 科里：正式协议时确定	
公司知识产权、保密等	所有创始人都要签署一份常规的与正式协议匹配的详细《知识产权及发明转让协议》，但在签署本合伙人协议的当日，每位合伙人同意：	

续前表

事项	内容	备注
公司知识产权、保密等	● 不将公司的任何知识产权用于与公司无关的目的 ● 将任何因与公司的关系创造或开发的知识产权转让给公司 ● 除非有利于公司的业务，不将任何与公司相关的保密信息泄露给任何第三方	
修订	本合伙人协议的修订需要全体合伙人的书面同意	
争议	如果出现任何争议，创始人应基于善意尽力解决。如果仍无法解决，可以诉诸纽约法律和纽约法院解决	

________________ ________________ ________________

20___年___月___日 20___年___月___日 20___年___月___日

附录G
创业工具和资源一览

[1]“商业模式画布”的打印版模板文件可以从网站 businessmodelgeneration.com 上免费下载，专门为快速成长型创业公司设计的网络互动版画布可以从网站 LeanMonitor.com 上获取，另一个更全的网络版本可以在网站 Strategyzer.com 上找到。

[2] 领先的网络竞争分析工具有 kompyte.com、similarweb.com、SEMrush.com 以及谷歌免费的 Alerts 服务。

一个不同寻常的产品是 eDataSource.com，它专注于跟踪竞争对手的电子邮件营销活动。公司定期跟踪 50 000 个品牌 24 万人次的日常电子邮件活动，并提供有关竞争对手发给客户的邮件的情况。

[3] LeanMonitor.com 提供的网络工具使创业者能够轻松地将精益创业的方法应用于业务（包括其实验工具），科学地规划和测试产品理念如何与客户产生共鸣。LeanStack.com 和 LaunchPadcentral.com 也提供支持精益创业的网络工具。

[4] 如果你想用专业的软件设计精致的 logo，会有一整个行业迫不及待地来帮助你。点击 CafePress.com、TshirtExpress.com、Vistaprint.com 或 CustomInk.com 了解详情。

[5] Squarespace.com 平台就是最简单、最强大的网站创建工具之一，

可应用于广泛的业务类型。每月花几美元就可以创建和发布一个完整、美观、移动版优化的网站，包括无限的带宽和存储空间、网站指标跟踪以及电子商务的部分，他们甚至可以为你免费安排一个自定义网域（如"NewCo. com"）。只需要花一个下午的时间修改模板，就能在网络空间创建一片天地，任何想了解你的人都可以访问。

你可以不局限于 Squarespace，尽管其产品很漂亮。你还可以看看 GoDaddy. com、Weebly. com、1and1. com 和 Wix. com 等一些高品质的其他网站托管合作伙伴。

[6] 对于一家寻求高增长和规模化发展的公司，我认为以下几个网站是创建公司资料最重要的平台：

CrunchBase。最初由 TechCrunch 博客的成员创建，最终被 AOL 收购，该目录网站提供了 100 000 家公司的信息，主要集中在科技/互联网行业。尽管这家网站不适合餐厅、水疗中心或设备制造类公司，但如果你在科技相关的领域，一定要在这里创建公司的简介。请注意，CrunchBase 是威客网站，这意味着其他人可能会添加和更新你的数据……即使其中一些是你不希望展示的或不相关的信息。你应该定期监控 CrunchBase 上的公司信息，添加关于团队、产品和融资的最新消息，删除其他人添加的错误信息。

LinkedIn。LinkedIn 是最好的专业简历网站之一，你可以在此看到每个人的工作经历以及你们之间有何种联系。对于企业来说，这是展示的一个很好方式——在比 Facebook 更专业的环境中与关注者建立联系、发布招聘信息、建立口碑传播。在 LinkedIn 上创建公司页面后，你的简介、你员工的简介将通过个人简介中的链接，自动与公司网页关联起来。你还可以通过这家网站发送博客文章，主动和被动进行招聘，以及开发一批可以传播和更新公司消息的基础粉丝。

Glassdoor。这是一个关于公司员工的专业目录网站，它发布职位列表帮助你招聘新员工，提供匿名的（及详细的）薪水对比和调查，帮助你权衡自己提供的薪水，还允许现任和以往雇员发布关于公司和关于你的匿名评论……虽然你不能删除负面评论，但你可以作为公司的官方发言人声明情况。这让你能掌握有关公司的一般描述信息，并查看哪些用户正在浏览你的公司，最重要的是，可以立即回复评论。

Gust 和 AngelList。最后，如果你正计划向天使投资人或 VC 融资（或者正在考虑申请创业加速器计划或商业计划大赛），那么你应该在这两个网站上发布投资人需要的资料。不像 CrunchBase 和 Glassdoor，这两个网站可以让你掌控自己的公司信息，包括公开哪些信息以及哪些信息你希望与投资人或其他获得授权的浏览者分享。商业生态圈中很多不同的参与者运用 Gust (gust. com) 和 AngelList (angel. co) 来建立相互联系。截至 2016 年初，约有 200 000 家公司和 25 000 家合格投资人在 AngelList 上发布了简介资料，而有两倍于此数量的公司及投资人在 Gust 上发布了简介资料。在第 21 章中，我们将探讨如何运用这些平台以及其他平台进行融资。但现在，我们专注于发布公司资料以有效地抓住潜在投资人的眼球。在这两个平台上，你都可以上传有关融资、产品、团队、业务模式等信息，选择所要公开展示的内容，选择只向你授权的特定潜在投资人展示的内容。为了更清楚地说明如何使用，我将引导你完成 Gust 资料的创建，AngelList 上的操作步骤与其类似。

首先要注意的是，创建 Gust 上的资料是从隐身模式开始的。这意味着可以根据自己的喜好，花任意的时间来创建和修改信息，此时对公众不可见(虽然你可能随时选择让一位或多位潜在投资人查看)。当你准备好广而告之时，就很有趣了。你在 Gust 上的简介有两个主要部分，第一页（你开始创建资料时的登录页面）是公开的（参见图 G—1），一经发布，这就是公众将看到的唯一页面。因此，你想要展示在这个页面上的信息，都是有关公司的非保密、很酷，而且是你希望大家知道的事情。

公开页面要抓住粉丝眼球，包括标题图片（不要忘了，它会让你的资料脱颖而出！）和 logo，也可以放公司的宣传片或公司网站的介绍视频。网页还包括便于用户公开搜索的基本信息，关于团队、顾问和投资人的信息，也可以放你的 Twitter 和 LinkedIn 等社交媒体链接。最后，它提供了两种公开推销的机会：短小精练或更精练。

在按照你的喜好完成网页创建之后，点击页面顶部的“发布资料”按钮即

图 G—1　Gust 上的公开简介

可。你的资料就可以从 Gust 主目录中被搜到，并将自动提供给支持创业的各种网站和平台。最值得注意的是，如果你身处一个由 Gust 带动的网络创业生态圈的中心（如纽约、伦敦或波士顿），你的资料很快也会在那里出现。

[7] 值得参加的年度行业活动有：

DEMO。这是做得最好的发布会，我 1991 年在那里推荐了我的第一家科技公司 Ex Machina，20 年后又介绍了 Gust。DEMO 由计算机行业媒体巨头国际数据集团（IDG）发起，具有很高的价值，是同时提供 50～75 家公司及产品发布的一种好方法。观众往往是企业、投资人和媒体，但同时也有很多其他创业者。

TechCrunch Disrupt。 Disrupt 在 2008 年以 TechCrunch40 的名义第一次举办，这个勇敢的“新手”成为了 DEMO 的死对头。在 AOL 收购了 TechCrunch 的网站和活动业务之后的几年中，Disrupt 的规模和影响力越来越大，并扩展到了其他城市，成为许多初创公司发布会的一个不错的选择。创业公司可以在 Disrupt 的“初创公司展廊”展示，在舞台上做演示或者在“初创公司角斗场”上竞争，这些活动可以让 200 多家创业公司得到曝光，足以让你看得筋疲力尽。

西南偏南音乐节（South by Southwest，SXSW）。 众所周知，SXSW 始于得克萨斯州奥斯汀的一个春季音乐节。随后在音乐节之前增加了一个电影节，并且分出了一个互动大会，有来自科技和媒体公司的论坛、会议和展示。互动大会上有一个名为“加速器”的创业比赛（我曾在几场中担任评委），持续多日，在奥斯汀的一整个星期，还有数百场讲座、研讨会、发布会和其他活动。SXSW 正快速成长为创业界的一个强大组织。

[8] 比如由杰森·卡拉卡尼斯（Jason Calacanis）发起的位于旧金山的“LAUNCH 节”、来自 Vator. tv 团队的 Vator Splash、“结合经济效益和社会效益”的社会企业展示平台 SOCAP、来自纽约风险投资协会（NYVCA）的 Ingenuity 以及 SIIA（软件和信息行业协会）每年举办的活动。

[9] 其中最早、规模最大、也是最重要的机构是企业家组织（EO），拥有遍及 48 个国家的 153 个分支，是一个联结 11 000 多名创业者的全球商业网络。EO 由一群年轻的创业者于 1987 年创立，加入的创业者可以相互学习，从而在商业上获得更大的成功，也丰富个人的生活。我成为 EO 的成员已经十多年了，我发现这是我加入的最有价值的团体之一……更不必说我们每月的论坛会议，是我职业生涯中绝不会迟到的活动。

[10] 这三家中最大的一家支付处理公司是 Braintree，隶属于 PayPal 旗下。① 它可处理几乎全球所有的支付工具，从信用卡到 PayPal，到 Venmo，

---

① https：//www. braintreepayments. com.

再到比特币。其功能十分强大，按照不同等级收费，交易量越大，费率越低，比较适合有内部开发能力的公司。

这三家中最适合创业公司的是 Stripe，它提供单一费率、将系统整合进网站的简易工具以及优质的售后服务。①

最简单也最便于移动端使用的是 Square，如果你打算以面对面的方式销售产品，接受实体信用卡付款，或公司没有程序员，这是你的不二选择。②这三种服务商都在销售网点提供信用卡刷卡机。Suqare 的刷卡机是一款免费的、轻薄小巧设备，通过插入耳机插孔的方式使用。Square 也提供一种电池供电、蓝牙连接的刷卡器，可接受新型“芯片密码”卡，另外还提供非接触式的 Apple Pay 和 Android 支付系统。

[11] 图 G—2 所示的主控面板是通过 SaaS 平台 Geckoboard. com 生成，可以从几十种信息源那里收集数据，以清晰简明的方式展现出来。

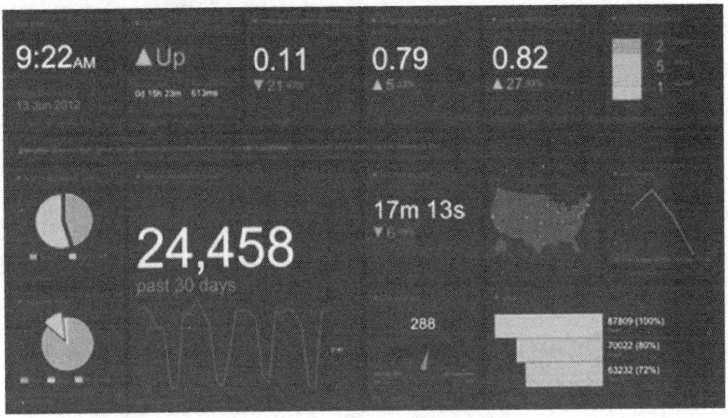

图 G—2 管理主控面板

[12] 下面是我发现的最有用的一些分析工具：

谷歌分析（Google Analytics）是一项面向小公司的免费服务，已成为追踪用户网站交互行为的标准方式。通过在网站的每个页面添加几行简单的代

① https：//stripe. com.

② https：//squareup. com.

码，即可轻松对用户获取、标杆对比、转化率、业绩、群组分析及更多指标进行捕获和报告（见图 G—3）。

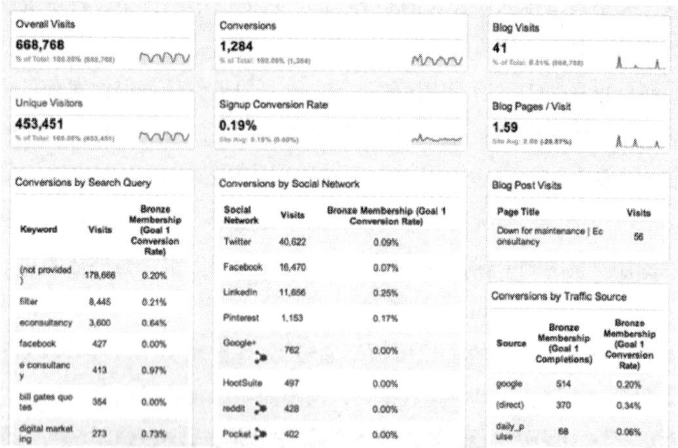

图 G—3　谷歌分析

Chartbeat 是一款展示公司业务运营摘要的管理主控板。你可以跟踪同时在线用户数量、与 Twitter 聊天工具对比网站流量、分析用户如何找到你的网址——比如，是通过谷歌搜索或是点击 Facebook 上的链接——并且让你一眼就能看到网站流量情况。要使用 Chartbeat，只需在网站每个页面的标头和脚注中插入一小段代码片段即可（见图 G—4）。

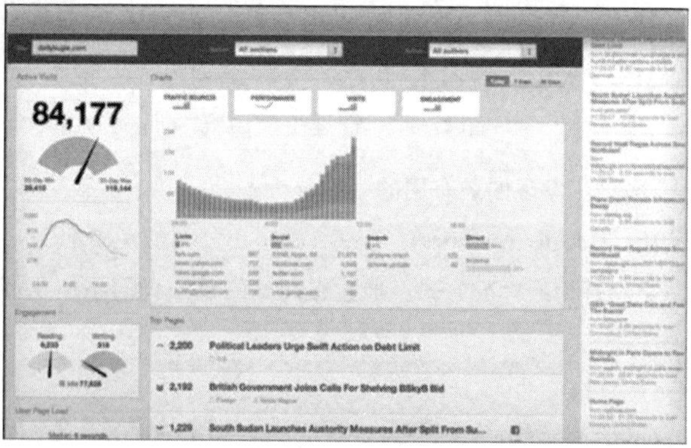

图 G—4　Chartbeat

Kissmetrics 是一个综合且易用的分析平台，旨在优化营销效果和转化率（见图 G—5）。

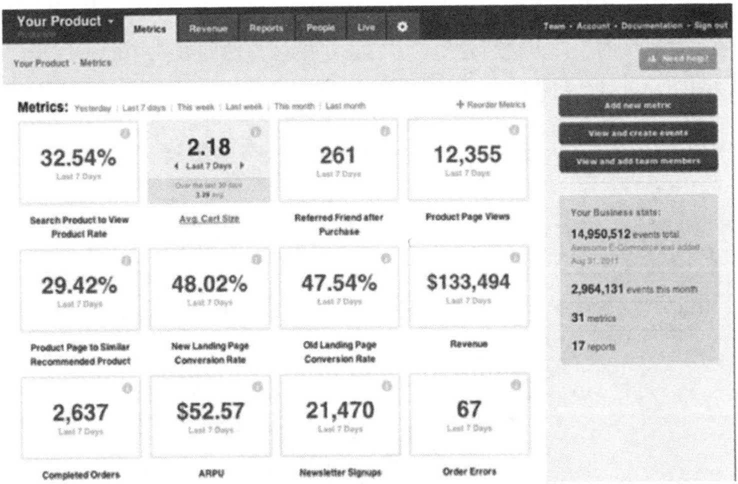

图 G—5　Kissmetrics

Mixpanel 给你提供跟踪用户对产品的参与度，并追踪个人用户和他们的特定行动，还对你的小手漏斗进行详细的转化分析（见图 G—6）。

图 G—6　Mixpanel

Indicative 是一款更新型的分析平台，专注于客户的访问线路（见图 G—7）。对大多数公司来说，客户访问线路的复杂化是以指数级速度增长的。在任何互动和转化过程中，可以采取不同的路径，可以省略一些步骤——用户甚至可能原路返回或重复一些步骤。传统的分析工具不能完全捕获这种互动的复杂特征，每个互动的流程图很快变得难以辨认。Indicative 让你能够对复杂的、非线性的用户流进行建模，并深入了解客户访问线路中的每一步，以确定问题和改进的机会。

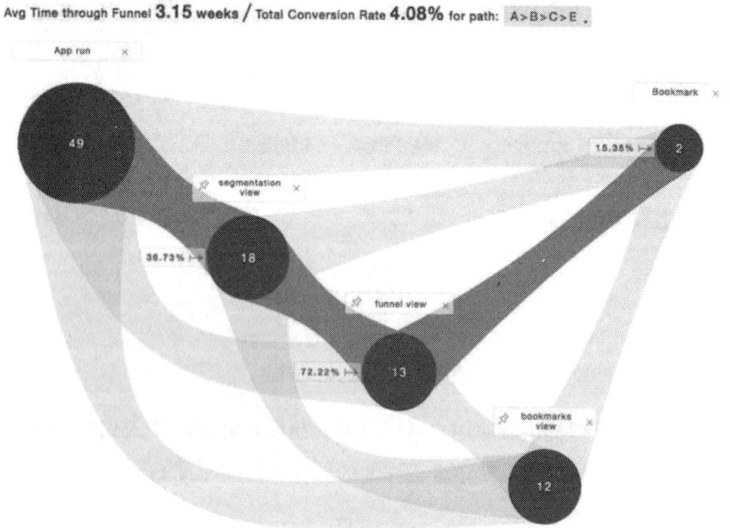

图 G—7　Indicative 谷歌分析

[13] 以下这些平台是依据 JOBS 法案第二章的规定运营，只有合格投资人才能够参与投资平台上的项目：

AngelList（https：//angel. co）是最早为天使投资人和初创公司提供匹配服务的平台之一。尽管任何公司可以提供信息并在平台上展示（如第 7 章所述），但创业者首先需要找到一位愿意参与投资的投资人，他才能在平台上融资。这位意向投资人将成为领投人，一群其他投资人参与跟投，由领投人确定最初的投资意向、负责尽职调查以及投资协议条款的谈判。作为回报，领投人和平台将从其他投资者处获得最高可达 25%的“超额收益分成”以及管理费用。

SeedInvest（https：//www. seedinvest. com）是另一家这个领域比较早

的领先者，但是运营模式截然不同。创业者向平台提交申请展示，通过筛选之后（所有申请者中只有不到1%的公司能够通过），平台会将公司的信息定期推送给超过15 000位合格天使投资人，由他们独自决定是否投资。这家平台不收取超额收益分成，但对筹集的资金收取7.5%的佣金，再加上5%的认股权（只有未来该公司的价值提升后才有价值）。

FundersClub（https://fundersclub.com）的项目筛选、直接决定是否让其在网站展示的流程与SeedInvest类似，在收费模式上和AngelList类似，向投资人收取20%的超额收益分成和10%的管理费。这家平台的筛选标准也相当严格，只有不到2%的申请者能够通过。

CircleUp（https://circleup.com）是一家服务种子期之后这个阶段公司的融资平台。与其他平台为所有类型初创公司提供服务不同，这家平台只接受美国本土的消费品公司的申请，通常是一些在现阶段年收入超过100万美元，并且拥有有形产品或设有零售终端的公司。和SeedInvest类似，CircleUp是一家注册的经纪人/交易商机构，从平台上募集的资金中收取5%～10%的佣金。

OurCrowd（https://www.ourcrowd.com）是一家与传统VC基金有业务交互的网络平台。与VC基金类似，OurCrowd主动寻找投资目标（初创公司不能直接申请），并投入自己的资金作为公司的领投人。然后投资额的差额部分通过其网络平台推荐给其合格投资人群体，与传统VC基金类似，平台收取超额收益分成和管理费用。

致　谢

如同我之前的一本关于天使投资的书（《超级天使投资》），这本书我尝试整理和介绍当前创业领域最佳操作实践——即按照正确的方式创立一家公司所涉及的方方面面的事情。因此，实际上这些操作实践没有一样是我原创的，我只不过是担任中间人的角色，把很多比我优秀得多的创业者、投资人、律师、创业导师以及顾问在他们长期职业生涯中积累的深刻经验汇总起来。尤其是很多章节非常受益于一些特定领域的权威专家，包括：

比尔·格罗斯，他是国际知名的创业者，Idealab 的 CEO，他一直是我和全世界数百万创业者的楷模，他很慷慨地为本书作序。

亚历山大·奥斯特瓦德和伊夫·皮尼厄，他们在第 1 章“商业模式画布”方面做了开创性的工作。

著名的商业计划专家蒂姆·贝瑞，他在第 2 章贡献了创建精益商业计划的全部内容。

麦考密克 & 奥布莱恩公司的查尔斯·麦考密克，第 4 章的“创始人协议”由他创建。

创新工场的弗兰克·德姆勒，他是美国匹兹堡市最受尊敬的创业导师之一，第 5 章介绍的实用的“创始人股权分配计算器”

来源于他。

精益创业传奇人物（奇点大学创业协会主席，我的继任者）埃里克·莱斯，他在第 6 章提供了精益创业方法论的核心内容。

罗莉·史密斯（Lori S. Smith）和丹·德沃尔夫（Dan De Wolf），他们是极其出色的创业律师，他们确保第 10 章的内容从法律的角度是完全正确的；以及无与伦比的吉尔·希博曼（Gil Silberman），他提供大量详细、清晰的注释和修正。

莱克斯·西斯利，"组织架构物理学"的专家，他创建的"董事招募"方法论在第 17 章做了介绍。

比尔·佩恩，他是我长期的朋友和天使投资导师，他理所当然被视为全球天使投资教育的布道者，他在第 24 章提供了各种不同的估值方法。

还有很多很多的其他人为我的创业教育提供支持，以下是其中一些最重要的投资人和创业者（排名不分先后），包括约翰·哈斯顿（John Huston）、巴兹尔·皮特斯（Basil Peters）、阿兰·帕特里考夫（Alan Patricof）、弗雷德·威尔森（Fred Wilson）、乔什·科佩尔曼（Josh Kopelman）、克里斯·弗拉里克（Chris Fralic）、罗柏·海伊斯（Rob Hayes）、布拉德·希金斯（Brad Higgins）、布莱恩·科恩（Brian Cohen）、查理·奥唐奈（Charlie O'Donnell）、杰森·莱门金（Jason M. Lemkin）、吉姆·希尔弗（Jim Silver）、尤法·阿尔莫格（Yuval Almog）、坎迪斯·约翰逊（Candace Johnson）、约西·瓦尔迪（Yossi Vardi）、杜尚·斯托亚诺维奇（Dusan Stojanovic）、菲利普·戈伦茨（Philippe Gluntz）、里德·霍夫曼（Reid Hoffman）、斯考特·科尼特（Scott Kurnit）、吉迪恩·加特纳（Gideon Gartner）等。

如同《超级天使投资》一书，本书中的很多观点我也首先发布在独一无二的问答网站 Quora. com 上。我并不是沉迷于这个网站（真的不是），但我过去几年在上面回答了创业者和天使投资人的 4 000 多个问题。

Quora 网站的高级业务主管马克·鲍德尼克（Marc Bodnick），他也是一位风险投资人，把内容整理进本书，他提供了大量帮助。还有一些在 Quora 网站上贡献内容的创业者，他们非常慷慨地阅读了本书的手稿，并提供了早期建议，包括皮特·巴斯克维尔（Peter Baskerville）、多米尼克·布朗（Dominic Brown）、南丹·柯西（Nandan Choksi）、C. J. 科内尔（C. J. Cornell）、阿尔奇·德克鲁兹（Archie D'Cruz）、哈桑·哈吉（Ghassane Hajji）、尼德·尼肖夫（Leonid Knyshov）、亚利提·拉吉（Arit Raj）、沙朗·阿南达拉奥（Sarang Ananda Rao）和梅叶·莎达新（Mayeesha Tashin）。

因为本书涵盖了非常丰富的内容主题，整合这些内容具有很大的挑战性。幸运的是，我后面有一支一流的编辑和制作团队，包括约翰·威利父子图书公司的策划编辑理查德·那拉莫尔（Richard Narramore），他批准了这个项目并与他的一丝不苟的助理蒂芙尼·科隆（Tiffany Colon）一起监督我；威利公司的高级制作编辑劳伦·福瑞斯通（Lauren Freestone）应该获得一份特别奖励，因为她对那些令人烦恼的作者所表现出的极度耐心。

99designs. com 的德扬·约瓦诺维奇（Dejan Jovanovic）用大卫·诺尔（Dacid Noles）给我拍的一张身着夹克衫的照片设计了本书封面；我的代理人、作家出版社（Writers House）的苏姗·金斯伯格（Susan Ginsburg），马克·富缇尔（Mark Fortier）和他的团队，戈登集团以及泽吉斯·斯威泽（Zigis Switzer）领导的 Gust 公关团队负责本书的宣传；布兰恩 & 德罗萨公司（Blane &

DeRosa）的大卫·库敏（David Kumin）为杰丹传媒制作了有声书；以及让我不用为任何事情担心的助理萨迪·谢丽（Sadie Schley）。

还要特别感谢图书编辑联盟的策划编辑卡尔·韦伯（Karl Weber），他从这本书的一开始就是我的搭档，承担了大量繁重的工作，把 Quora 网站上我回复的内容浓缩成可以在书中使用的形式，对所有我涉及的主题进行大量的基础研究，并提供框架，以支持他和理查德婉转称之为我的“独特观点”的内容。

还有两个特别的人群为本书做出了贡献。我在 Gust 的同事是我共事过最优秀的团队，他们每天一睁开眼就专注于为创业公司创始人和投资人提供支持，为他们提供行业最全面视角的观点。我有幸拥有一个非常出色的董事会，成员包括首轮资本的传奇联合创始人霍华德·摩根（Howard L. Morgan）、宝成资本的主管合伙人鲍勃·赖斯（Bob Rice，《备选答案》一书的作者）、欧文布鲁克管理公司的理查德·岑克尔（Richard Zenker）。还有大卫·马努斯（David Marrus）、皮特·云根（Peter Jungen）、理查德·卡兹曼（Richard Katzman）、约翰·卡兹曼（John Katzman）、马克·艾里逊（Mark Allison）和利亚姆·林奇（Liam Lynch），他们让我一直在私募股权投资这条垂直细分的道路上前进，并提供了深刻的见解。

Gust 的优秀员工用数年的时间，打造了独一无二且全面的服务平台，配合这本书一起推出。这个平台的指导和领导团队包括瑞恩·纳什（Ryan Nash）、杰斯·康帕诺拉（Jess Compagnola）、阿兰·麦克吉（Alan McGee）、凯凡·夫鲁兹（Keyvan Firouzi）、皮特·斯万（Peter Swan）、托德·摩尼（Todd Mohney）、米克罗斯格·鲁夫（Miklos Grof）、威尔·布朗（Will Brown）、君·

西蒙斯（Jun Simmons）、麦克·弗雷德里克（Mike Frederick）、贾斯汀·西娜（Justin Cina）和前员工里奇·拉福奇（Rich LaFauci）、丽萨·巴尔特·萨克斯（Lisa Balter Saacks）和尹安娜·格罗斯曼（Ilana Grossman）。

最后，我亏欠家庭太多，无以补偿——无论自己家人还是亲属，毫不夸张地说，我跟一些接触的人比起来属于后进生。我的父亲，丹尼尔·罗斯（Daniel Rose，《谋生与生活》一书的作者）一直是我的行动楷模，他是一位思想家、实干家、创业者和令人尊敬的人。我的母亲，乔安娜·赛梅尔·罗斯（Joanna Semel Rose）被公认是纽约市最聪明的人。她在我小的时候教我写字，然后在50年之后还痛苦地给这本书校稿（超过3 000处）和提供修改建议。尽管我对所有剩余的错误承担全部责任，没有她细心的修订，你们将会认为我完全就是一个彻头彻尾的文盲。我的兄弟姐妹约瑟夫、艾米丽和吉迪恩，在我数十年的创业生涯里压抑自己的窃笑，但在我无数个真正需要他们的时刻，给我提供了无数重要的帮助。我的三个小孩是我生活的首要重心，他们过去几十年拥有我在创业、投资及创业布道方面的一些特权，第一个孩子是我重要的创业学生和门徒，第二个孩子让我在Quora上保持真诚，没有第三个孩子我不可能完成这本书的写作。

最重要的，我要感激我的妻子，她忍受了我30多年时间，她是一位能让人脱胎换骨的促成者！再次重申，这本书不是她想看到的那种只包含我投资生涯故事的书，但是不要担心，那本书最终我会写出来的！

2016年3月　于纽约

The Startup Checklist：25 steps to a scalable，high-growth business，by David S. Rose
ISBN：9781119163794

图书在版编目（CIP）数据

创业清单 /（美）戴维·罗斯（David Rose）著；桂曙光等译．—北京：中国人民大学出版社，2017.6

书名原文：The Startup Checklist：25 Steps to a Scalable，High-Growth Business

ISBN 978-7-300-24278-1

Ⅰ.①创… Ⅱ.①戴… ②桂… Ⅲ.①企业管理—研究 Ⅳ.①F272

中国版本图书馆 CIP 数据核字（2017）第 056401 号

创业清单

［美］戴维·罗斯（David Rose）　著

桂曙光　魏亦萌 等　译

Chuangye Qingdan

出版发行	中国人民大学出版社		
社　　址	北京中关村大街 31 号	**邮政编码**	100080
电　　话	010－62511242（总编室）		010－62511770（质管部）
	010－82501766（邮购部）		010－62514148（门市部）
	010－62515195（发行公司）		010－62515275（盗版举报）
网　　址	http://www.crup.com.cn		
经　　销	新华书店		
印　　刷	北京联兴盛业印刷股份有限公司		
规　　格	148 mm×210 mm　32 开本	**版　　次**	2017 年 6 月第 1 版
印　　张	9.375 插页 2	**印　　次**	2022 年 3 月第 10 次印刷
字　　数	210 000	**定　　价**	69.00 元
